日常営業や事業性評価で
やりがいを感じる！

企業支援
の
バイブル

落藤伸夫 著

はじめに

　この本は、地域金融機関の渉外担当者の皆さんが仕事に意義を感じながら楽しく、自信とプライドを持って仕事ができるようになることを目指しています。

　今や日本は「課題大国」です。長引く経済の停滞やデフレ、エネルギーの供給問題や、グローバル化・ＩＴ化・ＡＩ化への対応遅れ、人口減少や少子高齢化など、あまりに多様な側面での無数の課題が一挙に訪れて「課題のデパート」となり、世界中が日本の対応と行方について固唾を飲んで見守っている状態です。

　このような課題に国一丸となって対応すべき状況の中で、地域金融機関にはとても大きな期待が寄せられています。経済側面、産業側面、社会側面、そして個別企業・家庭の側面の全てについて地域金融機関は関わっており、地域金融機関が踏ん張っていくことで、日本の将来が大きく変わっていくと考えられるからです。地域金融機関で働く人々、特に中小企業や地域住民等と直に接する渉外担当者が意義を感じながら楽しく、自信とプライドを持って仕事ができることが、課題大国日本を救うポイントになると考えられます。

渉外担当者が楽しく仕事をするために…

　一方で地域金融機関の渉外担当者は、多くの困難に直面しています。取り組むべき仕事が多く、コンプライアンス上の制約も厳しいことに加えて、今日そして明日の仕事を適切に行えるよう準備するための勉

はじめに

強材料が山ほどあるのです。とてもチャレンジングな状況下で渉外担当者が意義を感じながら楽しく、自信とプライドを持って仕事ができるようになるには、どうすれば良いのでしょうか。

　第1に、地域金融機関で働くことはとても意義があることに気付くことだと考えられます。仕事が多く、高度で応用が求められ、厳しい制約があり、学びを求められているのは、とても意義のある仕事だからです。あの渋沢栄一は金融機関なくして日本の発展はないと考えていました。資金調達の方法は渋沢栄一が生きた明治時代と比べて多様化してきましたが、今でも企業が行う資金調達のメイン経路は間接金融です。地域に恩恵をもたらしているのは地域金融機関です。地域金融機関なくして地域の発展はないと言っても過言でないのです。

　第2のポイントは、第1に挙げた金融機関の役割・貢献を、自分の仕事に捉え直し、理解を深めることです。金融機関に勤め始めたころは、無我夢中で、行っている仕事に何の意味があるのかわからなかったと思います。ただし、時間が経過するにつれ成長すると、何を行っているのかを理解することで、仕事を見る目が変わります。成長するためにはさまざまな勉強をしなければならず、その勉強を日常業務をこなしながら行っていくのは大変なことだと思われますが、学ぶことで自分の仕事がどのように役立つのか、将来にどのような影響を与えるのかを理解できると、学びの大切さが理解でき、プライドを持って仕事ができるようになることでしょう。

日常営業から始めて伴走支援・経営支援ができるように

　本書は、金融機関の渉外担当者が新人から次第に行える業務を拡げ、よりレベル感の高い業務にも携われるようになっていく姿を示す目安として「金融機関渉外担当者成熟度モデル（以下「渉外成熟度モデル」と言う）」を提案しています。これは以下の４段階で、渉外成熟度を表すモデルです。

　　第１段階　　日常営業
　　第２段階　　元気な企業への対応
　　第３段階　　不調な企業への対応（事業性評価）
　　第４段階　　伴走支援・経営支援

　冒頭に挙げた日常（御用聞き）営業から元気な企業への対応、不調な企業への対応（事業性評価）、そして伴走支援・経営支援ができるようになるまでが、本書の目標です。本書では、各々の段階に習熟する意義とともに、習熟へのポイントをまとめました。各段階で顧客の、特に中小企業の経営者等と相対する仕事について、何をすべきか、どんな意味があるのか、習熟度を高めていくことにどんなメリットが期待できるのかを中心にご説明しています。これらを知ることで、今の仕事に取り組む意欲を高めることができるとともに、将来の仕事への展望ができ、意欲がわいてくるのではないかと考えています。

はじめに

「バイブル」として使ってもらうために

　本書は「日常営業や事業性評価でやりがいを感じる！企業支援の
バイブル」という形で、あえて「バイブル」という言葉を使いました。
バイブルと銘打ったからには、気を付けた点が2点あります。

　第1は、金融機関あるいは支店などでさまざまな取組みが提案・指
示されている状況下、特定の取組みを勧める（あるいは特定の取組み
を「それは適切ではない」とダメ出しする）スタンスではなく、渉外
担当者が「提案・指示されたやり方でもって成果をあげていこう」と
受けとめられる題材を提供するというスタンスです。

　例えば不調な企業への対応としてどのような事業性評価を行うかに
ついて、金融機関が10あれば10の違った答えが出るでしょう。支
店によってあるいは人によっても異なる答えが出るかもしれません。

　このためバイブルとしての本書は「この本に書かれていることが王
道だ」と主張することはありません。また「このような実践例あるい
は解釈がある、別の実践例あるいは解釈よりも優れている」と決めて
提案することもありません。あえて言うなら、どのような実施例ある
いは解釈に立とうとも共通して言えるポイント、考え方等をまとめる
というスタンスでご説明しています。

　「バイブル」を名乗るにあたり気を付けたことの第2は、細かいノ
ウハウに踏み込まないことです。それらは金融機関から提供・指示さ
れる学習プログラムなどで提供されるでしょう。渉外担当者向けの書
籍や資料等は、マニュアル的に「こうすればできる、成功する」と勧
めるスタンスのものが多いと感じますが、本書はそうしたスタンスに
も立っていません。むしろ、行うべき取組みの全体像や目的・理由、

4

背景となる考え方等を「バイブル」として説明しています。これらを知ると、渉外担当者が自分自身の考えで、自行庫の方針等を踏まえながら「日常営業」「元気な企業への対応」「不調な企業への対応（事業性評価）」、そして「伴走支援・経営支援」に取り組んでいけるようになると考えています。

　また本書は付加的な希望として、渉外担当者の皆さんが自分の仕事について自分自身で考え、あるいは同期生や同僚、先輩、上司などと話し合って認識を深めていく題材となることも目指しました。「考えながら仕事をする」ことが、金融機関職員としてとても大切だとの考えからです。渉外担当者が役席となり支店長となり、あるいは本部各部門の責任者となった場合、「この通りにすれば仕事を適切に行ったことになる」と教えるマニュアルは存在しません。自分自身で考えなければなりません。渉外担当者の皆さんも、金融機関でのキャリアの後半では「自分で考えながら仕事を定義し、実践し、ブラッシュアップしていく」毎日を送るようになるので、今がその助走となるように、本書では考えるきっかけを提供したいと考えたのです。

　日々の生活が明るく感じられ、将来について明るい展望を持てる日本を作っていくことは、今、最も大切なことだと思います。それを実現するための第一歩は、地域金融機関で働く渉外担当者の皆さんが仕事に意義を感じながら楽しく、自信とプライドを持って仕事ができるようになることだと考えています。そのために、本書をご活用いただければ、とてもうれしく思います。

2025 年 1 月　落藤伸夫

CONTENTS

はじめに ……………………………………………………………… 01

第1章

金融機関渉外担当者のやりがい

【プロローグ】
近代銀行の朝8時30分 ……………………………………… 10

① 退屈な仕事を楽しみに変える心の持ち方 ………………… 14

② 金融機関渉外担当者が
　 やりがいを持ち続けるために ………………………………… 20

③ 地域金融機関として自信を持ち
　 やりがいを感じる ……………………………………………… 34

第2章

渉外担当者の成熟度モデルを考える

【プロローグ】
近代銀行の午前11時30分 ……………………………… 44

① 渉外担当者として能力を拡大する流れ …………………… 46

② 事業性評価とはどのような取組みなのか ………………… 50

6

第3章

渉外担当者の「日常営業」を
ブラッシュアップする

【プロローグ】
近代銀行の昼12時05分 ……………… 58

① 御用聞き営業を磨くことが次のステップにつながる ……… 60

② 御用聞き営業をステップアップさせるポイント …………… 66

③ 御用聞き営業を行いながら「資金需要」を掘り起こす …… 76

④ 融資案件の自行庫内調整を理解する …………………… 78

⑤ 御用聞き営業から日常の経営支援につなげる ………………… 85

第4章

元気な企業への対応

【プロローグ】
近代銀行の午後3時30分 ……………… 92

① 元気な企業への運転資金対応 …………………………… 95

② 元気な企業への設備資金対応 ………………………… 106

③ 人間的付き合い力を向上させることも重要 …………… 123

第5章

不調な企業への事業性評価

【プロローグ】
近代銀行の午後4時30分 ……………… 128

① 事業性評価とは何か ……………………………………… 132

② 事業性評価の融資稟議 ………………………………… 146

③ 事業性評価をプロアクティブに提案する …………………… 153

7

第6章

伴走支援・経営支援

【プロローグ】
近代銀行の午後5時30分 ················· 158

① 伴走支援とは何か ··················· 161

② 制度対応伴走支援の進め方 ············· 165

③ 渉外担当者が行える経営支援 ············ 174

第7章

ステップアップに向けた学びの方法

【プロローグ】
近代銀行の午後6時30分 ················· 186

① 金融機関における学びの重要性 ·········· 189

② いま求められる速効回復支援 ············ 197

おわりに ································· 204

第 1 章

金融機関渉外担当者の
やりがい

1 近代銀行の 朝8時30分

B先輩「おはよう、Aさん」

Aさん「あ、B先輩、おはようございます…」

B先輩「どうしたのAさん、浮かない顔をして。お客様への提案がうまくいかなかったの?」

Aさん「いえ、そんなことはないです。ただ、入行して3年目、当店の渉外担当者になって半年、毎日が単調だなと思って…。先輩もそう思いません?」

B先輩「いや、私は楽しいよ。毎日変化に富んでいて。それに自分が成長していると感じられるのもうれしいね」

Aさん「えー、毎日成長していると感じるんですか? 信じられません」

B先輩「…う〜ん、Aさんは銀行の渉外活動のやりがい、渉外活動の意義などをまだ実感できていないみたいだね。そもそも『毎日が単調』と言ったけど、何が単調なのかな?」

Aさん「え〜と、朝起きで…」

B先輩「銀行員である以上、決して単調ではないと思うよ。例えば、
　　　昨日の1日を振り返ってみなよ」

──と言われて、Aさんは、昨日1日の活動を振り返ってみました。

新人渉外担当者Aさんのある１日

6:00　アラームが鳴り、重たい体を起こしてベッドから出る。
　　　ニュースをかけたまま朝食そして身支度する。

6:45　自宅を出発、満員電車に揺られて出勤。

8:10　職場に到着。デスクに着くと、職場内の連絡情報や回覧
　　　などに目を通す。それが終わると昨日準備しておいた資
　　　料を持ち出し最終チェック、今日のニュースなどをもと
　　　に顧客先での会話スターターとなる話題を考える。

9:30　必要書類などを持って顧客先へと出発。
　　　主に集金などを行う。

12:00　顧客から預かったお金、書類などを職場に持ち帰る。
　　　必要な処理を終えて職場で昼食。

13:30　必要書類などを持って顧客先へと出発。
　　　午前と同様、主に集金などを行う。

16:00　顧客から預かったお金、書類などを職場に持ち帰る。
　　　必要な処理を終えたところで、午前の書類に処理ミスが
　　　あることを指摘され、慌てて訂正する。

17:00　１日の締め作業を行い課長の検印を得て簡単な報告も行
　　　う。翌日に重要な折衝などがある場合には相談する時も

近代銀行の
朝8時30分

　　　　ある。

18:00　翌日の準備を済ませて、退勤。帰路にあるファストフード店で夕食を摂り、スーパーマーケットで朝食などを買って帰宅する。

21:00　風呂を済ませ、1日で最も自由になる時間が始まる。好きな俳優が出演するドラマなどがある時はテレビを見るが、そうでない場合はゲームをすることが多い。その間、学生時代や社会人になってからの友人とSNSを通してコミュニケーションを楽しむ。

23:00　最低7時間は睡眠を取らないと翌日に差し障るタイプのため、スマホのアラームをセットし、身支度して就寝。

Aさん「―というわけで、自分はこのような毎日を過ごしています。まったく単調で成長も感じられません…」

B先輩「私はそうは思わないよ」

Aさん「B先輩にはわからないですよ。B先輩は、自分よりも早く出勤しているし、退勤時間も自分よりも遅い。仕事もテキパキとこなしているじゃないですか」

B先輩「いやいや、早く出勤しているといっても、開店時間を考えると数分から数十分の違いだよ。退勤時間も、Aさんが帰ったら、私もすぐ上がることが多いさ。仕事もテキパキこなしているというけど、Aさんより担当先が多いから、時間内に終わらせるように次々こなしているにすぎないよ」

Aさん「そんなことないと思いますが…。」

B先輩「私だって、私生活はAさんとほとんど変わらない。でも、違う点があるとしたら、仕事への考え方かな。毎日の集金が単調というけど、同じ対応は一度もないはずだ。毎日、経営者と違う話ができるし、集金の中で新しいご要望を聞けたり、提案のヒントをもらったりできる。同じように、課長への報告だって、色々なアドバイスを得るチャンスだし、報告を通して課長や周りの先輩から新しい提案方法や話法を教えてもらうこともある。私は、それこそが毎日の刺激で、成長の源泉だと思っているんだ」

──Aさんは、B先輩からこのように言われても、前向きにはなれないと感じています。もっとも、年次を重ねて今以上に仕事が多くなるのはあまり歓迎できないが、B先輩のように生き生きと仕事できるならば悪くないかなと思いました。そこで、AさんはB先輩に次のように聞いたのです

Aさん「…そうなんですね。でも、なかなかそのように前向きに物事を考えることができません…。どうすればモチベーションが上がりますか?」

──B先輩の答えとは…

1 退屈な仕事を楽しみに変える心の持ち方

　ＡさんはｌＢ先輩のようになれるのでしょうか？　もちろん、なれます。その出発点は、心の持ち方を変えることにあります。毎日ほとんど同じような仕事をし、同じような出来事がある中で「毎日が単調だ」「自分は全く成長していない」と感じていると、楽しくないでしょう。「毎日に変化がある」「自分は成長している」と感じると、楽しく感じられるでしょう。

（1）毎日の小さな変化に気を配る

　金融機関の渉外担当者なら、１人や２人は、顧客に気難しい社長を抱えているのではないでしょうか。Ａさんも例外ではありません。先輩からも代々『気難しい』と引き継がれ、自分が訪問しても「あー、この社長はやはり気難しいな」と感じる人がいます。「こんな社長と親しく打ち解けて話をするのは無理だから、やり過ごすしかない。毎月の訪問は仕事だし我慢するとして、叱られないように無難にやり過ごし、万が一叱られても気にせずにいよう」と考えてしまうのも仕方ないことと思われます。

　では、このような毎日の業務を、どのように「やりがい」を感じられるように変えていけばよいでしょうか。ＡさんとＢ先輩の行動の違いを例示しながら考えていきましょう。

例えば、気難しい社長でも時には機嫌が良い時もあります。「近代銀行のＡさん（もしくはＢ先輩）か、いつも世話になるな」と言ってもらえる程度の小さな変化です。しかし、予想していなかった優しい言葉に、Ａさんはただビックリして「はい、まあ、ありがとうございます」と驚きながら答えるのがやっとでした。一方でＢ先輩は、Ａさんとちょっとした違いがその後にありました。Ａさんは、バイクに乗って帰店した時にはそのことをまったく忘れていましたが、Ｂ先輩は覚えていて日報に記載したのです。

それだけではありません。Ｂ先輩は、商店街で食料品店を営むＣ社長と路上ですれ違った時、相手が会釈してくれたことに気付いて自分も会釈を返し、すがすがしい気持ちになりました。一方でＡさんは、顧客先工場のＤ経理担当が路上で会釈してくれ、それに応じて会釈を返したものの「街で知り合いに会ったら会釈するのも仕事のうち」と受け流していました。

金融機関で働いていると誰にでも、１日にこのような出来事が山ほど起きているでしょう。それを「変わり映えしない毎日だ」と思っていると、本当に退屈で面白くない毎日になってしまいます。

Ｂ先輩もＡさんとほとんど同じよう仕事をし、同じような出来事に出くわしていますが、心の持ち方はＡさんとは大きく違っています。小さな出来事でも気に留め、時には覚えておけるように記録に留めて、それらの出来事を楽しんでいたのです。また自分の成長にも気付くことができました。それらが積み重なって、Ａさんよりもはるかに大きな楽しみを仕事に見つけ出せるようになったのは当然と言えるでしょう。

（２）仕事を『探求する』というアプローチ

　単調な仕事を楽しむ方法として、仕事を探求することがあります。『現状分析』と表現すると楽しい感じが薄れてしまうので、ここでは『仕事観察』と言い換えてみましょう。小学生の夏休みにあった観察日記を思い出してみるのも良いでしょう。

　例えば、アリの巣の観察であれば、全体を俯瞰したり、細かいところに目を向けたりと、さまざまな目線で観察したのではないでしょうか。日記の作成では、言葉だけではなく絵も活用して状況を描写し、自分の感想も書くなどしてまとめたのではないかと思います。それを職場で行ってみるのです。

仕事観察のポイント

① 「全体の俯瞰」と「細部への探求」という２つの眼を持って観察する。
② 原因＝行動＝結果の流れを踏まえて整理してみる。
③ 言葉や絵、概念図など、表現方法を使い分ける。
④ あるシーンを切り取って静止画のように描写することもあれば、連続した動きを動画的に表現するなど、工夫する。
⑤ 人数やかかった時間など、定量的な表現も活用する。
⑥ 客観的に事実を表現する他、必要に応じて自分の感想や関係者の感想（フィードバック）等まで付け加える。
⑦ 時には環境（仕事のツール等を含む）や方法論まで考えてみる。

仕事観察は、仕事を覚え、改善していく上で非常に有用です。「仕事が正確で迅速だ」との評判を得ている先輩・上司は、例外なく仕事を子細に観察して、自分なりの記録を取っています。将来、課長などの役職者に昇進し、部下をマネジメントする場面において、このように職場を観察した経験が大きく生きることになるでしょう。

（3）小さな工夫が生む成功体験を噛み締める

ここで、先ほど触れたような気難しい社長と、どう接すれば、やりがいを感じられるようになるのか、整理してみましょう。

Ａさんのように「叱られないように、トラブルだけは避けて無難に対応しよう」と考えてしまうのも、仕方ないことかもしれません。

一方で、Ｂ先輩は違っていました。気難しい社長との面談を終えるたびに「次はもう少し打ち解けたい。そのためにはどうすれば良いのだろう？」と考えていたのです。実は、最初の8時30分の会話で出ていた、Ｂ先輩がＡさんよりも退勤時間が少し遅かった理由は、Ｂ先輩がより良い面談にすべく工夫をしていたからなのです。

Ｂ先輩は、面談日の前日には訪問企業のホームページを必ず閲覧、何か新しい書き込みがないかを調べていました。新聞や業界誌、支店内で回覧される景況調査などの報告書から自分が担当する企業が属する業種・業界の情報をコピー・スクラップしておき、前日に見直すこともしていました。

Ａさんにしたら「そんな面倒なことを！」と考えるかもしれません。

しかし、担当企業のこうした情報収集と確認は、1日当たりの必要な時間で見ると、数分〜十数分に過ぎません。「今日は疲れているので面倒くさいな、明日のために資料チェックは省略しようか」と思い悩む時間があったら、さっさと目を通して整理したほうが早く済むし、自分の気分も良いことを、B先輩は知っていたのです。

（4）目標を成長を感じるためのツールにする

ここでもうひとつ、B先輩が毎日生き生きと仕事できる秘訣を挙げておきましょう。渉外担当者には対応すべき担当企業が数多く割り当てられているほか、特定商品の契約目標などが課せられる場合があります。Aさんは最初から「担当企業を多く抱えて、定期訪問だけで手一杯なのに、キャンペーンの目標達成など不可能だ。成り行きに任せるしかない」と諦めているほどです。

実は、B先輩も最初は、Aさんと同じように考えていました。しかしある時、目標達成で表彰されることの多いH先輩（Aさんからすると大先輩）から「大きなゾウだって、切り分ければ食べられるものだよ」と教えられて、ハッとしたのです。大き過ぎると感じる目標でも、切り分けて目標管理すれば達成できるのではないかと考えるようになりました。

では、どうやって切り分けたのか？　例えば5,000万円の目標ならば500万円ずつ10個に分けて、普段訪問している企業・経営者ごとに会社の規模や業種、キャッシュフロー等をもとに打診の可否を検

第 1 章　金融機関渉外担当者のやりがい

討しました。そして「この金額ならば無理がないし、万一の備えとして検討してもらえるだろう」と考えた先に打診したのです。このような提案を積み重ねているうちに、どの取引先に、どんな商品を、どんなタイミングで紹介すれば効果的なのか、コツがわかってきました。

　以上のように渉外担当者は、退屈だと思ってしまうような毎日を自らの心持ちを変えることで、楽しくて挑戦的な仕事の連続に変えることができます。

19

2 金融機関渉外担当者が やりがいを持ち続けるために

（1）自分がどのステップにあるかを理解する

　渉外担当者が、年齢と経験を重ねるにつれ、その目は自分の将来に向けられるようになると思われます。明るい、価値ある将来が見えていれば今の仕事にやりがいを持てるでしょう。では、どのようにすればやりがいが持てるビジョンを描くことができるでしょうか？

　B先輩がやりがいを感じながら毎日を過ごしているポイントとしてもうひとつ、自分の業務遂行能力が向上していると実感していることが挙げられます。仕事を行うにあたって自分が成長しているかどうかについて、数年前に指導してくれた上司・先輩から「成長したな」と言われるとわかりますが、自分自身では良くわからないというのが実感ではないでしょうか。そこで、今取り組んでいる仕事をこなす能力について次のようにステップに分けると、「あ、自分は今、1つのステップを乗り越えて、次のステップに移ったな」と感じることができます。

（2）各ステップの解説

　それでは、各ステップがどんな段階なのか、次のステップに進むためにどんな取組みが必要なのか、紹介していきましょう。

20

●仕事に成熟していくステップ

第1ステップ
仕事を教わるが、それを自分事として飲み込めていない

第2ステップ
実地に仕事を始めると訳のわからないことばかりで、
無我夢中で進める

第3ステップ
教わったことが仕事に役に立つとわかり、部分的に活用し始める

第4ステップ
できることの「核」ができ始めるが、
仕事全体をきちんと把握できているとは言えない

第5ステップ
仕事全体を見渡すことができるようになり
それを踏まえた仕事ぶりになる

第6ステップ
顧客からの要望を取り入れて自分の仕事を調整できるようになる

第7ステップ
効率性や品質の観点から職場を巻き込んだ改善ができる

第8ステップ
顧客の「声にならない要望」に応じた提案ができるようになる

▶ 第1ステップ

仕事を教わるが、それを自分事として飲み込めていない

☑ **どんな段階か**

A. ある仕事に就いたばかりで仕事内容を受け身で学んでいる

（新入職員の場合には研修などの形で学ぶこともある）

B. 会社・職場は新入職員に教えたい情報を一気に詰め込もうとする

C. 新入職員は受け止めるのに必死で、メモを取るだけで精一杯

☑ **この段階では何を目標にするか**

学びを自分事にすることを目指す

☑ **この段階ではどんな工夫ができるか**

A. 講師役である先輩や上司の話をメモしながら真剣に聞く

B. チーム実習などがあれば積極的に参加する

C. 臆せず質問して疑問点をクリアにする

D. 講師や上司からのフィードバックを積極的に求める

☑ **どんな成長があるか**

A. 自分事にしなかった人よりもはるかに理解が深まり、記憶に残る

B. 仕事に向き合うための真摯な姿勢が身につき、今後に活かせる

第 1 章 金融機関渉外担当者のやりがい

▶ **第 2 ステップ**

実地に仕事を始めると訳のわからないことばかりで、
無我夢中で進める

☑ **どんな段階か**

A. 座学などを終えて OJT に移行し、働きながら実環境で学んでいる

B. 取組み中の仕事が学んだはずのどの項目に該当するのか、目的や
コツは何かなどを思い出せず、学びと現実のギャップを感じている

C. 無我夢中で手を動かしている。間違いをたくさんしている

☑ **この段階では何を目標にするか**

成功だけでなく失敗からも、できるだけ多くの学びを蓄積すること
を目指す

☑ **この段階ではどんな工夫ができるか**

A. 取り組んだ仕事について業務日報や個人メモなどに記録しておく
（取組内容、結果、感想、先輩や上司からのフィードバック等）

B. 学んだことはすぐに実践する

C. 初めての仕事でもミスを恐れて敬遠しない

D. ミスの指摘を素直に受け入れ、教えに感謝する

E. 自分では成長を感じなくても焦らず努力を続ける

☑ **どんな成長があるか**

A. 仕事に前向きになれる

23

B. 1つの事柄から沢山の学びが得られるようになる

C. ミスを避けるノウハウが身につく

D. ミスについて健全な感覚が身につく（ミスは避けるべきものだが、ミスによってのみ学べることがあると知っている）

E. 他人のミスに適切に対応できるようになる

▶ 第3ステップ

教わったことが仕事に役に立つとわかり、部分的に活用し始める

☑ どんな段階か

A. 行うべき行動を概ね理解できている

B. 第1ステップなどでの学びを理解し、部分的に活用できるようになる

C. 成功体験を積むことで、だんだんと自信が芽生えている

☑ この段階では何を目標にするか

多少の順調に有頂天にならず丁寧な学びを続け、積極的に工夫することを目指す

☑ この段階ではどんな工夫ができるか

A. 与えられた指示通りに実行するだけではなく、第1ステップなどでの学びなどを思い起こし、より効率的に（例：スピーディに）、効果的に（例：インプットを増やし、アウトプットにつなげる）行えるよう目指す

B. 関連事項にも思いを馳せ、総合力を高めることを目指す

C. 「（自分の仕事ぶりなどを）よくできた」「（他人の仕事ぶりなどを）うまい方法だな」と思ったら、その時の感情も含めてメモに書き留めておく

D. 同期などと情報交換して体験を共有することで学びの幅を広げる

☑ どんな成長があるか

A. 仕事への理解が深まる

B. 同様の毎日を過ごしても成長できるようになり、成長を感じられるようになる

▶ 第4ステップ

できることの「核」ができ始めるが、仕事全体をきちんと把握できているとは言えない

☑ どんな段階か

A. 仕事の中に自分の得意分野ができ始める

（一部業務について専門知識・スキルが定着、「上出来」が普通になる）

B. 仕事に自信が持てるようになっている

C. ただし、仕事の全体像はつかめていない

☑ この段階では何を目標にするか

「自分の得意分野」を見つけてブラッシュアップ・確立することを目指す

☑ この段階ではどんな工夫ができるか

A. 得意分野について好奇心を発揮し、与えられた教材など以外からも学ぶ

B. 得意分野について後輩や同僚等に積極的に教えるなどする

C. 得意分野を核に、その周辺業務などに挑戦していく

☑ どんな成長があるか

A. 学びを加速度的に広め、深められるようになる

B. 率先して後輩の指導をするなど、リーダーシップが発揮できるようになる

C. ルールや先輩から聞いたコツの理由まで理解できるようになる

D. 成長の自己認識がさらに強くなっている

E. 仕事に「上出来」や「ギリギリ合格」などの差があると理解できる。横並びではなく、一歩先に進めたいとの意識が湧く

▶第5ステップ

仕事全体を見渡すことができるようになり、それを踏まえた仕事ぶりになる

☑ どんな段階か

A. 仕事の全体像を把握できている

B. 自分の仕事を業務全体の流れの中で理解している

（仕事の上流・下流がわかり、先輩・同僚によるフォローがわかる）

C. 形式的にではなく、自分に期待される役割を踏まえて仕事に取り

第1章　金融機関渉外担当者のやりがい

組める

D. 自律的に仕事を進められる

E. 職場から「一人前」と認められ、自分自身も職場を心地よく感じる

☑ この段階では何を目標にするか

チームが全体として適切に業務遂行し、成果を出せるよう役割を果たすことを目指す

☑ この段階ではどんな工夫ができるか

A. 自分の仕事を全体の中で見直し、求められている内容・質・タイミングなどを考え、満足な仕事ができるよう心がける

B. 課長になったつもりで周囲の同僚・先輩の仕事を観察する
（何を行っているか、目的は何か、何をもとに何を生み出しているのか、何に係る知識・ノウハウが必要か、所要時間は、何に注意が必要か、絶対に避けるべきことは何かなどを理解できるよう目指す）

C. 職場のタイムマネジメントやプロジェクト管理に配慮しながら仕事をこなせるよう目指す

☑ どんな成長があるか

A. 職場での視野が「自分だけ」でなく「チーム」にまで広がっている

B. 自分のミスにより同僚、部署・支店等に迷惑をかけることがなくなる

C. 課長になった時の礎と言える知見が身につく

D. 成長の実感により、常に前向きな姿勢でいることができる

▶ 第6ステップ

顧客からの要望を取り入れて
自分の仕事を調整できるようになる

☑ どんな段階か

A. 顧客から緊急対応要望などがあった場合に対応できる

（例：融資りん議を早く通してほしい。他行も含めた借入の一本化
を検討してほしい）

B. ルールなどに従いながらも自分の仕事を柔軟に調整して対応できる

（内部体制や状況、方針などを踏まえて対応を検討・取組みが行える）

☑ この段階では何を目標にするか

「自分で判断できること」を理解して、自分の仕事を調整できるよう
になることを目指す

☑ この段階ではどんな工夫ができるか

A. 顧客が緊急対応などを要望する理由・背景などを理解するよう心
掛ける（顧客や必要に応じて関係者などとコミュニケーションを
取る）

B. 顧客の要望などに応えるにあたっての負担やリスクなどまでも考
えるよう心掛ける（自分の判断を超える負担・リスクがある場合
には上司に相談する）

C. （顧客要望に対応しようとする場合）自分が行おうとすることを上
司に伝え、周囲の同僚などにも伝えた上で（自分の裁量範囲内で

協力などを求める場合もある）取り組み、上司や同僚などにも適宜、報告することを忘れない（内部との密なコミュニケーションを取る）

D. 顧客要望などに対応するため、また自分仕事の調整あるいは周囲への影響を最低限にとどめるため、固定観念に囚われず柔軟な思考力を発揮することを目指す

☑ どんな成長があるか

A. 指示やルールなどを守るだけでなく、自分の裁量で判断・行動できる練習となる（守破離の「破」ができるようになる練習）

B. 自律的に工夫できる担当者になれる

C. 問題解決が必要となる上級管理職になる礎を築ける

▶ 第7ステップ

効率性や品質の観点から職場を巻き込んだ改善ができる

☑ どんな段階か

A. 今まで10案件しか取り組めなかった時間で15案件取り組める

B. 10件に1件しか成約しなかったのに3件成約できるようになる

C. 以上の実現のため、職場の仕事の仕方を変えるよう提案し実現できる

☑ この段階では何を目標にするか

部署の上司や同僚を巻き込む力を養い、実行リーダーになることを目指す

☑ この段階ではどんな工夫ができるか

A. 改善手法を学び、活用できるよう目指す

- イ） PDCA サイクル（P:Plan（計画）、D:Do（実行）、C:Check（評価、測定）、A :Act（対策、改善））が活用できる
- ロ） プロセス・アプローチ（複雑な業務をシンプルな仕事に分解、各仕事を「インプット」「プロセス」「アウトプット」に分け、それぞれを改善することで業務の効率化や品質改善を目指すアプローチ）が活用できる

B. 他業種・分野などから学ぶよう目指す

例：顧客や取引先、自分が所属する金融機関あるいは自分の職場では解決策などが知られていない場合でも、他業種・他分野では過去に同種の問題が生じており徹底究明された結果、今や解決策が開発され、それを利用すれば大きな成果をあげられるという場合がある。このように視野を広げた学びを実践する

C. 提案を受け入れてもらい、実行につなげられるよう工夫する。

例：今までの仕事手順・方法の変更などが必要な提案は受け入れられ難い場合があるが、改善のメリットを熱心に説くとともに、相手の立場や心情などに寄り添い、取組みに伴走するなどして巻き込んでいく。部署・支店などとして適切に業務を行い成果を出しているかを考え、改善に向けて自分が何をできるかを考える

☑ どんな成長があるか

A. 改善に向けた思考法や他業種・分野などからの学びを活用できる

第1章 金融機関渉外担当者のやりがい

B. 提案するだけでなく、実現に向けてリーダーシップを発揮できる
ようになる

C. 論理的な説明以外に、「この職場の仕事品質をもっと高めたい」と
いう熱意や「効率的な仕事ができると職場の皆にメリットがある」
という善意などが巻き込み力に関わっていることを体感できる

▶第8ステップ

顧客の「声にならない要望」に応じた提案ができるようになる

☑ **どんな段階か**

A. 顧客が抱く「声にならない要望」を推察することができる

B. 声にならない要望に対応したソリューションが提案できる

☑ **この段階では何を目標にするか**

顧客の「声にならない要望」をすくい取る方法論を身につけること
を目指す

☑ **この段階ではどんな工夫ができるか**

A. 顧客の「声にならない要望」をすくい取るノウハウを身につける

イ）顧客や関係者がもやもやしながらもうまく言語化できない要望
→同様の状況にある別顧客が発した要望と同じでないか検証する

ロ）問題が顕在化すれば発生する要望（今は顕在化していないので
声が出ない）
→顧客をきめ細やかに観察し問題等が発生する可能性を検証する

31

ハ) 困っていても顧客が対応不能と考えているので要望が発せられない

　　　→要望を聞くのではなく「困っている様子」を察知する

B. 顧客の「声にならない要望」へのソリューションを考える

イ) 自行庫の商品・サービスが適応できないか検証する

ロ) 他業種・業態で既に知られている解決策が適応できないか検証する

ハ) 相手への寄り添い（伴走支援）で満足が得られないか検証する

☑ どんな成長があるか

A. 顧客企業・社長から、比類のない信頼が得られる

B. 「声にならない要望」を発見する方法や対応する方法は取引先同士で横展開ができ、企業・社長からの信頼の間口が大きく広がっていく

（3）渉外担当者が目指すべきステップとは

　渉外担当者は、第6ステップ以上にまで成長できるよう目指しましょう。第5ステップまでは、顧客から緊急対応要望等が入った場合、決められたことしか答えられないか、あるいは先輩や上司に相談するしかないからです。

　ところが、第6ステップ以上になると、自分で考えて提案できるようになります。多くの金融機関では「お客様の要望に応えられる柔軟な組織」を目指していると思われますが、各担当者がこの段階をクリ

アしていないと実現しようがありません。渉外担当者の多くがこのステップにまで成長している金融機関こそが「お客様の要望に応えられる柔軟な組織」であり、顧客から格別の信頼感を得られるようになります。

　第8ステップでは、渉外担当者が「声にならない要望」まで推察できるレベルにあると書きました。もちろん「声にならない要望」の中には推察が難しく、既存の対応策が活用できないものもあります。例えば、金融機関の顧客企業の顕在的な求めは資金調達ですが、その裏にある「声にならない要望」は経営が上手くいくこと、すなわち事業が順調に展開して売上が立ち、しっかり儲けが出ることでしょう。しかしこの要望に応えるために、渉外担当者が、他社で上手くいった解決策を教えたからといって満たされるものではありません。

　このような場合、問題意識を共有して解決に向けた模索を共に進める「寄り添い（伴走支援）」により満足が得られる場合があります。実際に、経営者が一人だとソリューションが簡単に見当たらない場合、あるいは「これがソリューションだ」と思ったが効果が現れない場合には諦めてしまいがちですが、渉外担当者の伴走支援があれば粘り強い取組みを継続でき、解決につながる、あるいは解決できなくとも重大事に至らず企業として持続できる場合があります。こうした渉外担当者こそが顧客から高い信頼を得られます。

3 地域金融機関として 自信を持ちやりがいを感じる

（1）メガバンクと地域金融機関の違い

　金融機関にはメガバンクと地域金融機関があります。両者の違いは何でしょうか。メガバンクは全国規模で海外にも業務展開しています。多数の支店など広範なネットワークを持ち、大規模な法人融資、国際取引、投資銀行業務、リテールバンキングなど、提供する業務範囲は多岐にわたります。

　一方、地域金融機関は特定地域の住民や企業を対象とした金融機関です。地域密着型のサービスを提供し、地元経済の発展や地域住民の生活支援に重きを置いています。地域限定の預金商品など、地域経済や住民のニーズに合わせたサービスを展開、融資サービスも地域密着型で、地域におけるビジネス活動に関する運転資金や設備資金を提供しています。地方銀行、第二地方銀行、信用金庫、信用組合がこのカテゴリに該当します。経営戦略も地域密着で、地元地域の経済状況やニーズを重視し、地元の企業や住民との強固な信頼関係を築き、ともに発展と成長を目指すべく戦略的に取り組んでいます。

（2）地域金融機関の存在意義とその高め方

　地域金融機関の必要性や存在意義を改めてまとめると、次のとおりです。

① 地域経済の発展に不可欠

　地域金融機関は地元企業への融資を積極的に行い、地域経済の活性化に寄与しています。地域で雇用創出や経済成長に重要な役割を果たしている中小企業を支援して地域全体の発展に貢献しています。

　近年は地域密着型サービスを強化している地域金融機関が増えています。その中心は、企業の成長段階に応じたきめ細かい融資対応や、経営相談や経営支援の提供です。地元産業や特産品のプロモーション支援、販路拡大のサポートなども可能です。小規模・零細企業やスタートアップ企業への支援も期待されています。

　また、地域の教育機関（大学・高専など）や研究機関（公設試験研究機関など）と連携し、時には企業との産学連携をサポートして地域活性化に貢献できます。

② 地域住民・企業への利便性提供

　地域金融機関はある地域に集中して支店・ATM などを設置することで、地域住民・企業の利便性に貢献しています。定期預金や個人ローンなどでは地域住民の金融ニーズに寄り添った商品を開発・提供しています。地元に根差したきめ細やかなサービスや地域特有の金融商品も提供できます。

　近年、営業時間の延長などで利便性を高めている金融機関もあります。住宅ローンや個人ローンなどについて、地域特性や地元住民の特性に対応して例えば高齢者向けの商品・サービスや若年層向けの資産

形成支援プログラムを行う地域金融機関もあります。

③ 地域における多様性と安定性の礎

　たとえ大企業の企業城下町であっても、そこにはさまざまな業種・業態の企業が存在しています。大企業に原材料の供給や保守サービスなど事業インフラを提供する事業者はもちろん、建設業や交通などの社会インフラを担う企業や、小売店やサービス業など生活者のためのインフラを提供する企業も存在しています。地域金融機関は、これらの企業や住民を支えて多様性を維持することで、地域全体を支えています。

　ただし、近年は企業城下町でありながら、その根幹であった大企業が事業縮小あるいは撤退し、少子高齢化や若年層を中心とした人口流出等で活気を失っているところもあります。そのような状況で地域金融機関には、事業インフラ・社会インフラ・生活インフラを支える企業、あるいは地域に留まる企業や住民が新しい環境に漸進的に対応したり、事業・生活基盤を固められるように、地方行政などとも協力しながら地域活性化の取組み等を推進することが期待されています。

④ 人材育成

　金融機関が提供するサービス、即ち、預金や融資のほか、代理販売する保険などの商品特性を熟知して、顧客にマッチした商品を紹介できる人材を育成して抱えていることは、金融機関だけではなく地域に

第 1 章 金融機関渉外担当者のやりがい

とっても宝と言えます。また、業務区域内の各地域や産業についての
情報を集めて拡散できる人材やネットワーク作りができる人材を育成
することは、金融機関の事業基盤の強化につながると考えられます。

（3）高まる人材育成の重要性

　前記①～④の中でも、筆者は特に金融機関による人材育成の重要性
が高まると考えています。金融機関で働く人材が高度化されると、金
融機関自身の繁栄につながるばかりでなく、顧客企業や地域が発展す
る原動力になり得ます。地域において、地域金融機関ほど多彩な人材
を地域社会や企業、公的機関と結びつける「関係力」を持っている企
業はいないので、顧客企業や地域が受けるメリットが大きいのです。

　特に、金融機関の渉外担当者は、顧客企業との接点においてカギと
なる人材です。先ほど、地域金融機関の関係力が強力だと言いました。
それは一義的には「個別企業と金融機関」という関係ですが、実際は
「企業経営者・経理担当者と金融機関渉外担当」とも言い換えられ、渉
外担当者は交流のパイプ役なのです。渉外担当者が成熟すればするほ
ど、企業が受けるメリットは大きくなると考えられます。

　実はこの人材育成は視点を変えると、渉外担当者が自分自身を高め
ていくことで、自分が所属する金融機関の存在意義を高めることがで
きるということでもあるのです。組織のために働くということは、今
までは「組織の指示に従って身を粉にして働く」ことを意味していた
かもしれません。しかし、今は「自分の能力向上のために学んで、働

き、お客様に喜んでもらえる。すると、自分の評判が向上するのはもちろん、自分が働く金融機関の評判も上がる」という好循環が生まれます。三方良しの精神で取り組むことで、担当者自身も働く動機づけができるのです。

（4）地域に多数の金融機関が存在する意義

　ここで、ある地域に多数の地域金融機関が存在する意義について、別の側面から確認したいと思います。金融機関は、人や企業からお金を預かる預金業務、必要とする人や企業へお金を貸す貸出業務、そして人や企業のお金のやりとりを仲介する為替業務を行っています（3大業務）。あまりにも当たり前のことなのでピンと来ないかもしれませんが、金融機関がこれらの機能を果たさなければ、地域ひいては日本は経済的に発展することも、そもそも持続することさえ不可能になります。

　2021年に放映されたNHK大河ドラマ「青天を衝け（渋沢栄一の伝記)」を視聴していた人も多いのではないでしょうか。渋沢栄一は、1873年に第一国立銀行を設立しました。フランスの首都パリで行われた万国博覧会（1867年）に出席する徳川昭武に同行し、その後、各国を訪問。西欧諸国の目を見張る繁栄を支えているのが銀行だと考え、それを日本で実現したのです。

　このことは、地域金融機関が数多く存在する理由にもつながっていると考えられます。筆者は中学生の頃、父に「なぜこれほど多くの金

融機関があるのか？　全国規模の大規模な金融機関がある一方で、それより規模の小さな金融機関も多数存在している。それはどうしてか？」と質問しました。父は「地域に全国規模の大金融機関しかなく、地域限定の金融機関がないと地域の人や企業が困るからだ」と教えてくれました。この話から、地域にお金を回して、きめ細かく浸透させるポンプ役を果たすのは、地域密着の金融機関であることが理解できます。

　一方で近年、地方の衰退が止まらないという悲しい状況が続いています。多くの地方都市で、以前は栄えていた商店街が「シャッター街」化しているのです。地方における産業集積も苦戦している例が少なくありません。どうすればこの状況に歯止めをかけ、活性化に転じさせることができるでしょうか？

　ここで、地域金融機関の活躍が期待されているのです。第一国立銀行に続いて地域金融機関が数多く設立された頃と変わることなく、地域活性化の原動力として、金融機関は重要な役割を果たし得る存在だと言えます。地域金融機関は、業態の特性上、地域でお金を集め、地域の企業などに貸出して支えていくビジネスモデルを主にしなければなりませんが、それは別の見方をすれば、地域企業を支援し地域に貢献することで自らの事業基盤を固め、耕していけるということです。その地域において、三方良しの構図を自然に作れるのですから、とてもやりがいのある仕事ではないでしょうか。

（5）事業性評価で『原石』企業を探そう

　金融機関は、貸出の拡大と貸倒リスクの最小化という矛盾する二兎を追うことが求められています。民間企業である金融機関は収益の確保が至上命題で、そのためには貸出を拡大しなければなりません。一方で、コロナ禍の余波、ロシア・ウクライナ戦争やパレスチナ問題などの国際情勢不安で引き起こされた物価高騰、そして失われた30年、国内における少子高齢化の加速などが、顧客企業の信用状況に対してネガティブに働き、貸出による支援を難しくさせています。

　こういった状況では、「自分たちで支援できる企業を見定めて営業する」方法が考えられます。これがまさに「事業性評価」の1つの形であり、この事業性評価による融資の経験を積み重ねていくことで、担保の資産がなく事業性評価を必要とする企業からの融資申込みに対応できるようになると期待できます。

　現在は、金融機関が「待っていれば事業性評価のできる中小企業が名乗りをあげてくれる」という状況ではないでしょう。窮状にありながらも地域を支える社会インフラである企業や、高い技術力によりサプライチェーンになくてはならない企業、事業改善に向けて自助努力している企業が、地方にはひしめいています。金融機関が支援という研磨を施せば光る、ダイヤモンドの『原石』企業を、事業性評価で発掘する必要があるのです。

　「地域社会を支える重要なインフラ企業だから、具体的な支援をしながら融資も行おう」「今は業績が厳しいが、高い技術力があって、

第 1 章　金融機関渉外担当者のやりがい

サプライチェーンのなくてはならない鎖だから、飛躍できそうだ」などと考えながら営業できるようになりたいものです。渉外担当者が、事業性評価が可能なダイヤモンド原石企業を発掘することで、金融機関と企業、そして地域社会の三方良しが成立できるようになると考えられます。

　以上、ここまで渉外担当者のやりがいについて考えてきました。本章の内容を踏まえると、「近代銀行の8時30分」で登場したB先輩が仕事を楽しんでいた理由が理解できたのではないでしょうか。地域金融機関の渉外担当者の毎日は、気付かないだけで変化に溢れています。変わり映えせず退屈だと感じるか、変化が沢山あり自分は成長できていると感じるかは、本人の感じ方によります。退屈だと思う人と全く同じ状況にある人でも、変化を楽しみ成長を喜ぶことができるのです。

　またそれは、自分の成長を長期的に捉えることで、より強化できると考えられます。渉外担当者として行える業務がだんだんと広がり、レベルが上がっていく姿を見て「自分は成長できているな」と感じる人が、日々を楽しめるでしょう。本章で上げた8つのステップを意識しながら日々の業務に取り組むことで、渉外担当者は、自分の成長を実感できるようになると考えられます。

第 2 章

渉外担当者の
成熟度モデルを考える

近代銀行の
午前11時30分

Aさん「B先輩、ただいま戻りました」

B先輩「Aさん、渉外活動、お疲れ様。たしか午前中は融資先を2軒、回ったんだよね。良い話はあったかな？」

Aさん「…それが、もちろん売上のことや今期の決算見通しについて社長と話すのですが、もう少しいろいろご相談いただけないかなと思うことがありまして…」

B先輩「もっと相談してほしいってこと？」

Aさん「はい、それこそB先輩や支店長と同行しますと、いろいろ社長は経営課題を話してくれますよね。でも私だけだと、世間話と、融資の返済や決算のことなど、ある程度、話の内容は決まっているというか…。もっと私も社長に信頼されて、経営課題についてご相談いただくような渉外担当者になりたいなと思います」

B先輩「確かに、Aさんはまだ渉外担当になって日が浅いだけに、
　　　お取引先の社長も、『まだ新人だから』と思って、踏み込ん
　　　だ相談はしてこないかもしれないね」

Aさん「はい、そう思います」

B先輩「ただね、渉外担当者の仕事って実はそういう『御用聞き』が
　　　出発点になっていると思うんだ。それこそ私だって、最初は、
　　　『社長は支店長にはいろいろ相談するのに、なぜ私には相談
　　　してくれないんだろう』と思ったものだよ。でもね、訪問を
　　　重ねて、融資案件もいくつかこなしていくうちに、気付けば、
　　　支店長が同席したときと同じように、社長は経営課題を話し
　　　てくれるようになったんだよ」

Aさん「そうなんですね」

B先輩「そうさ。実は渉外担当者の仕事というのは、順番というか、
　　　段階があるんだよ。いきなり次のステップに進むことはでき
　　　ないし、若いからこそ1つひとつステップを経て、頼られる
　　　ようになるのさ」

Aさん「B先輩、そのステップ、具体的にどんな流れになっているの
　　　か教えてもらえませんか」

B先輩「もちろんさ、まず第1段階は──」

1 渉外担当者として　能力を拡大する流れ

　渉外担当者が年齢と経験を重ねるにつれ、その目は自分の将来に向けられるようになると思われます。自分の取り組む仕事が拡大し、レベルが向上していくと、それにつれて企業や社会に貢献するという役割を実感でき、それが次なる成長へのビジョンになると考えられます。

（1）原点は「御用聞き」営業

　では、具体的に渉外担当者は、どのようなステップを経て成長していくのでしょうか。ここで、日常の企業訪問（上流）から経営支援（下流）までの広がりを「金融機関支援図」（**図表1**）としてまとめました。

　金融機関が顧客企業・個人に行う支援の原点は御用聞き営業とも言える「日常営業」です。ここにビジネスマッチングや展示会、IT導入支援、M&A支援など、企業の成長を直接支援する活動である「本業支援」が加わります。これらは「渉外担当者が顧客企業・経営者と交流することによる支援」段階と言えます。

　次は「渉外担当者あるいは専門職担当者が行う、企業への寄り添いによる支援」段階です。成長企業に対する資金調達支援を含む「元気な企業への対応」、事業性評価への対応などを含む「不調な企業への対応」、そして計画実行支援やモチベーションの維持など、企業の成長過程を支援する「伴走支援」が該当します。

　次は「専門職担当者が行う（一部、渉外担当者が行うこともあり

第2章　渉外担当者の成熟度モデルを考える

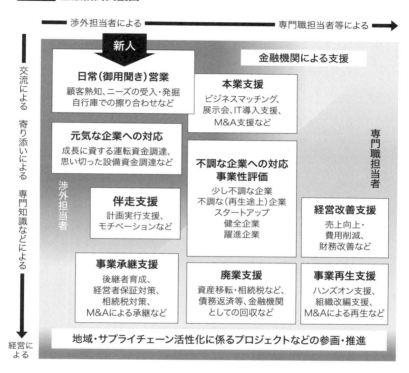

図表1　金融機関支援図

得ます）専門知識等による支援」段階です。売上向上、費用節減、財務改善などをサポートする「経営改善支援」、ハンズオン支援、組織改編支援、M&Aによる再生など、経営の立て直しに関わる「事業再生支援」、後継者育成や経営者保証対策、相続税対策、M&Aによる承継などをサポートする「事業承継支援」、そして資産移転や相続税、債務返済、金融機関としての回収などの「廃業支援」を行います。

加えて、経営主導で行う地域やサプライチェーンの活性化に関わるプロジェクトへの参画・推進も金融機関の重要な役割です。

地域金融機関が以上のように多種多様な顧客支援ひいては地域・社会等への貢献を行っていることを知ることで、渉外担当者は自信を持ちプライドを持って、意義を感じながら楽しく仕事ができるようになると考えられます。

（2）キャリアパスにもなる金融機関支援図

　金融機関支援図は、渉外担当者が（融資側面における）キャリアパスを描く上で参考となるでしょう。渉外担当者は、御用聞き営業・本業支援から元気な企業への対応、不調な企業への対応、そして伴走支援について、各々に習熟して顧客企業・経営者の期待に応える度合いを高めながらキャリアパスを進んでいきます。そしてより高度な支援、経営改善支援、事業再生支援、事業承継支援そして廃業支援なども行える専門職担当者に育っていくかもしれません。あるいは図表1にはありませんが、自行庫におけるマネジメントを担い、役席、支店長、部長などに進む道も拓けています。

　渉外担当者は職場である金融機関においてどのような仕事を担うことになるのか、その場面で金融機関から、あるいはお客様である個人や企業・経営者から何が期待されているのかなど、自分の仕事について理解を深めることで、取り組んでいく意欲を高めることができるでしょう。金融機関に勤め始めて最初は無我夢中で行っている仕事に何の意味があるのか、時間が経過し自分が成長するにつれて何を行うことになるのかを理解することで、仕事を見る目が変わると期待できます。また金融機関職員としてさまざまな勉強をしなければならず、日常業務をこなしながら行っていくのは大変なことだと思われますが、

学んでいることが今そして将来にどのように役立つのか、学びの大切さが理解できると、学ぶことも楽しくなるのではないかと考えられます。

（3）金融機関渉外担当者成熟度モデル

このような想いを踏まえて本書では、金融機関の渉外担当者が新人から次第に行える業務を拡げ、また各々の業務においてもレベル感を向上させていく目安として、「金融機関渉外担当者成熟度モデル（以下「渉外成熟度モデル」と言います）」を提案します。以下の4段階で構成されるモデルです。

以下の章では、各々の段階に習熟する意義とともに、習熟へのポイントをまとめました。各段階で中小企業の経営者等と相対する仕事について、それは何をすることか、何の意味があるのか、習熟度を高めていくことにどんなメリットが期待できるのかを中心にご説明します。これらを知ることで、今の仕事に取り組む意欲を高めることができるとともに、将来の仕事への展望ができ、意欲がわいてくるのではないかと考えています。

●渉外成熟度モデル

2 事業性評価とは どのような取組みなのか

　もう1つ、これからの渉外担当者にとって欠かせないスキルとなる「事業性評価」についてもご説明します。

　事業性評価は、平成26年に金融庁が金融モニタリング基本方針の重点施策の1つとして示してから、注目されるようになりました。一方で、金融庁が定義や活用場面などを詳しく説明していないので、多様な解釈が可能になっています。事業性評価を語る関係者が5人いると、それぞれ異なる5つの事業性評価があるといっても過言ではありません。

（1）事業性評価のあり方を考える

　事業性評価とは、どのような取組みなのか。一例として、第7章でご紹介する事業性評価支援士協会では、**図表2**のようにまとめています。

　では、この事業性評価の対象となる企業とはどんな企業でしょうか。以下で5つ挙げてみます。

① 再生途上企業

　第1に「再生途上企業」が挙げられます。構造不況や過去の投資が不首尾に終わったなどの理由から窮地に陥ってしまったものの、そこ

第2章 渉外担当者の成熟度モデルを考える

図表2 事業性評価のあり方例

再生途上企業	再生支援の一環として行う金融支援	**持続資金**（運転資金・設備資金）
	定性評価（企業の重要性・能力、経営者の人格・企業文化、金融機関支援姿勢など）	
スタートアップ企業	スコアリングできない先への機会提供支援	**創業資金**（資本・運転資金・設備資金）
	定性評価（市場の存在・ビジネスモデルの秀逸さ・経営者の人格など）	
健全企業	飛躍に期待して与信枠を与える支援	**飛躍資金**（増加運転資金・設備資金・M&A資金）
	定性評価（強みを活かして機会を捉えるなど）・定量評価（事業計画妥当性）	
躍進企業	新境地を期待して常識の枠を破る支援	**革新資金**（運転資金・設備資金・M&A資金）
	定性評価（イノベーティブかつ秀逸なビジネスモデル、運命共同体として支援など）・定量評価（事業計画妥当性）	
不調な企業	スコアリング・格付では与信不可と判定の出る先への持続化・発展支援	**回復資金**（持続資金・増加運転資金）
	定性評価・定量評価（企業の返済能力、秘めたポテンシャル等）	

　からの脱却を図って事業再生段階にある企業に対して、金融支援が可能か否かを判断するため、事業性評価を行う場合があります。「財務スコアリングによる格付・審査手法」では与信不可能と判定される企業でも、リスケジュール、あるいは新規与信するために事業性評価を行うのです。

　このような状況にある企業の場合、定量面で高い評価を得ることは少ないと考えられ、定性面の評価がポイントとなるでしょう。地域や

51

サプライチェーンにおいて当該企業が占める重要性や、持てる能力、あるいは経営者の経営手腕や人格、立ち直りに向けて社内一丸となる企業文化などを総合的に審査することになるでしょう。

② スタートアップ企業

事業性評価の対象となる企業として第2に「スタートアップ企業」が挙げられます。創業者は決算書ができていない、あるいは事業が不安定であるなどの理由から、決算書を基にしたスコアリングでは融資可否を判断できないため事業性評価を行うのです。市場の存在やビジネスモデルの秀逸さなどを記した事業計画の妥当性や、経営者の意欲や粘り強さなど、あるいは周囲の支援状況などをもとに審査して、創業資金（資本となる資金や運転資金・設備資金）の融資により事業機会を拡大できるか否かを判断することになると考えられます。

③ 健全企業

対象となる第3の企業は「健全企業」です。具体的には、健全企業がさらに飛躍するため、金融機関の与信枠を超える支援ができるか否かを、事業性評価で検討するのです。強みを活かして機会を捉える計画になっているかなどを評価するとともに、それによるパフォーマンスが十分かなどを事業計画から確認する定量評価を行って、増加運転資金や設備資金など飛躍の原動力となる資金提供について検討します。地域金融機関の渉外担当者が対応する事業性評価の多くは、この

分野の事業性評価ではないかと考えられます。

④ 躍進企業

　第4の企業は「躍進企業」です。新製品を開発するあるいは革新的なビジネスを行うなど、新境地に乗り出していこうとする企業に、金融機関としてもこれまでのルール・常識を超えて支援するかどうかを検討するのです。イノベーティブかつ秀逸なビジネスモデルが構築されているかに加えて、金融機関が運命共同体として支援できるかどうかなどを定性評価するとともに、事業計画の妥当性などを定量評価することで、挑戦に乗り出していくための運転資金や設備資金あるいはM&A資金などの提供が可能かどうか評価します。

⑤ 不調な企業

　対象となる第5の企業は「不調な企業」です。「不調な企業」とは、財務スコアリングによる格付・審査手法からすると正常先には至らないものの、事業再生を行うほどでもない企業を想定しています。これまで信用保証付貸出、あるいはプロパー貸付を行ってきた中、景気の悪化により不調となってしまい、スコアリング・格付では融資ができないとの判定が出てしまう先に対して継続支援できるかどうかの観点で行われる事業性評価です。

　企業の持続に必要な資金や、上向きとなった場合の増加運転資金の支援について、企業の返済能力や秘めるポテンシャルを定性評価や定

量評価によりあぶり出す事業性評価により判断します。

（2）「不調な企業」に対して事業性評価を行う

　以上のように事業性評価には幅広い概念があります。地域金融機関はいま挙げた①〜⑤の企業に対して事業性評価を行うことが期待されますが、金融機関のディスクロージャー誌などを見ると、特に第1から第4までについて積極的な取組みを行っており、成果をあげた事例などが多く挙げられていると感じられます。

　一方で⑤不調な企業に対する事業性評価については触れられることが少ないと感じています。その理由としては、この類型は信用保証協会の信用保証を得て対応することが民間金融機関の常識となっているからではないかと考えられます。

　ただし、不調な企業への支援をすべて信用保証協会に任せてしまうと、どうなるのか。信用保証協会の職員は全国で約6,000人しかいません。そのうち保証審査に携わる人員は、多く見積もって3,000人でしょう。民間金融機関の10万人ともそれ以上とも見積もられる融資担当者・役席等から寄せられる事業性評価案件をこの人数で対応するのは難しい時もあると考えられます。

　この点についての問題意識からか政府は平成30年に「信用補完制度の見直し（平成30年4月1日から見直し後の制度がスタート）」を発表、「信用保証協会と金融機関の連携」を求めました。信用保証協会の信用保証を活用する場合であっても民間金融機関は、プロパー融資も行って協調することが勧められたのです。民間金融機関と信用

第2章 渉外担当者の成熟度モデルを考える

保証協会の協調が一般化すると、信用保証を依頼する場面で、金融機関はプロパー融資のために自らが行った事業性評価を報告、信用保証協会は民間金融機関の支援方針等も鑑みながら審査を進めるようになる可能性があります。

（3）事業性評価を誰が担うのか

では、この部分の事業性評価を地域金融機関の誰が担うことになるのでしょうか。これまで担当していた渉外担当者を外し、事業性評価に慣れている者に担当させることになるのでしょうか。今までの担当者を外すのは難しいという意味でも、事業性評価に慣れた者が十分にいる訳ではないという意味でも、その可能性は低いと考えられます。

不調な企業に対する事業性評価は渉外担当者が取り組むことになると考えられます。今まで融資するか否か、あるいはプロパー貸付を行うか否かまでも信用保証協会の判断を参考にしていたボリュームゾーンについて事業性評価が必要になった場合、渉外担当者が担当することになる可能性が非常に高いのです。この準備が必要です。

この考え方に基づき、本書では⑤不調な企業に対する事業性評価を主にご説明しています。これまでは信用保証協会に判断を任せていたものの、今後は金融機関が前捌きとして事業性評価を行い、一部についてはプロパー融資で対応するという場面での事業性評価を説明します。ぜひ参考にしてください。

第 **3** 章

渉外担当者の「日常営業」を
ブラッシュアップする

近代銀行の
昼12時05分

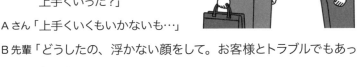

B先輩「お帰りなさい、Aさん」

Aさん「あ、ただ今帰りました。」

B先輩「午前の訪問、どうだった？上手くいった？」

Aさん「上手くいくもいかないも…」

B先輩「どうしたの、浮かない顔をして。お客様とトラブルでもあったの？」

Aさん「いえ、トラブルはありません。そこは安心してください。でも、毎日、御用聞き営業の連続で、次のステップへの成長の実感がないのが悩みなんです」

B先輩「確かに、渉外担当者には4つのステップがあると話したことがあるけど、御用聞き営業が続くと、不安になってしまうよね。具体的に今日の午前中のお客様とのやり取りはどんなものだったの？」

Aさん「それは…」

……………… 〈午前10時〉取引先のC社 ………………

Aさん「こんにちは。近代銀行です。」

C経理担当者「いらっしゃいませ、近代銀行さん。今月の分は、こちらです」
　　　　（定期積金5万円が入った封筒を差し出す）

Aさん「承知しました。確認します」
　　　（封筒から現金を取り出し確認したあと、現金の受取書を作成）

Ａさん「確認しました。こちらが受取書です。ところで、従業員様向けに NISA という…」

Ｃ経理担当者「いや、それは結構。ありがとうございます。また来月もよろしくお願いいたします」

Ａさん「あ、こ…こちらこそありがとうございました」

- -

Ａさん「──というわけなんです。ここからどのように商品の提案につなげたり、社長とお会いして経営課題を聞けばよいのかわからなくて…」

Ｂ先輩「なるほど、私も若い頃は、よくそんな場面に遭遇したな」

Ａさん「そうですよね。ただ、先方のご担当者から要望が寄せられることはあまりありませんよね。研修では提案営業など高度な営業手法を身につけるように言われますが、実際に現場ではなかなか難しいと思います」

Ｂ先輩「Ａさんが新 NISA 口座を紹介しようと努力している、成長を目指しているとわかって、私はうれしいよ。そんな意識があれば今日のＣ社への訪問も、成長への糸口が山ほど見つかると思う。少なくとも私は気付いたよ。Ａさんは御用聞き営業を少し勘違いしているのではないか、それに気付けば、御用聞き営業への取り組み方が変わり、次のステップへと進めるのではないかとね」

Ａさん「本当ですか。私にはよくわからないのですが、自分が次のステップに進んでいくには、どんなことをすればよいのか、秘訣を教えてもらえませんか?」

──Ｂ先輩の答えとは…

1 御用聞き営業を磨くことが
次のステップにつながる

　金融機関の渉外担当者としての最初の仕事はいわゆる「御用聞き営業」となります。「御用聞き営業」とは、顧客から相談や見積依頼等を聞いて対応することだと言われています。本章では、渉外担当者が相手方からの要望に対応することのほか、定期的に顧客先を訪問して集金等を行う仕事、あるいは訪問時に融資商品や保険などのサービスを紹介することまで含めて御用聞き営業とします。

（1）御用聞き営業にも担当者ごとに「差」がある

　筆者が渉外担当者と話をしていると、「毎日、毎週、毎月と訪問して融資の要望がないかを聞いているのに、いつの間にか他の金融機関に依頼されていた」という話（または愚痴）を聞くことがあります。自分に回ってくる案件は「条件が厳しい」など、他の金融機関が断った案件ばかりだというのです。

　では、依頼を受ける確率が高い渉外担当者は御用聞き営業から卒業し、特別な営業をしているのでしょうか。筆者が観察する限り、皆さんと大きく異なる営業をしているようには見えません。では、どこに違いがあるのでしょうか。実は、「御用聞き営業」の内容に差があるのではないかと考えられます。

　「なかなか相談してもらえない」と話す渉外担当者は、御用聞き営

業を「受け身」と考えていることが多いと感じます。顧客が申込みや要望を口に出すのを待っているのです。一方で、社長から申込みや要望を受けることが多い渉外担当者は、「能動的な御用聞き営業」を行っているように思われます。

（2）能動的な御用聞き営業とは何か

　ここで能動的な御用聞き営業について、他業種での例を紹介しましょう。ある服飾小物製造業者は、毎週多くの卸問屋や小売店を回ってオリジナル製品の注文を受けていました。フェイスタオルやハンカチなどを中心とした服飾小物なので必要とする技術レベルはそれほど高くなく、参入障壁は低いのです。一見するとリスクの高い事業のように思えますが、この企業は数多くの卸問屋・小売業者に信頼してもらい業績は堅調でした。競争の激しい業界で、なぜそれが可能だったのでしょうか？

　それは、この服飾小物製造業者は、経営者をはじめ、数人の営業担当者が御用聞き営業に熟達していたからです。「我が社が製造できる小物のご要望はありませんか」と聞くばかりではなく、「そろそろ製品の補充時期ではありませんか？」と相手の注文を引き出す、あるいは同じ注文でもきめ細やかに対応し、長年の経験から熟知している相手方の困りごとに的確に応えて仕事を取ってくるのです。

　社内の対応力（縫製能力など）や状況（仕事の入り具合など）をしっかり把握しているので、注文を持ち帰ったものの、実は能力や納期などの問題で納期に間に合わないといったトラブルも起こしません。実

際、経営者に自社の強みを聞くと「他の同業者よりもはるかに上手に御用聞き営業ができること」と答えていました。御用聞き営業に熟達するとは挑戦的な課題で、それを極めることにはこれほど価値があるのです。

（3）御用聞き営業の利点

ここで金融機関渉外担当者が御用聞き営業に習熟するメリットについて考えてみましょう。非常に多岐にわたり、また、得られる成果も多く、御用聞き営業がすべての営業のベースになることが理解できるでしょう。

① 渉外担当者自身が顧客を深く理解でき、
　　自信を持てるようになる

人は、同じ対象に向き合う回数が増えれば増えるほど理解を深められます。経営者の言動や従業員が働く姿・接客態度等を耳目にし、店舗・工場の雰囲気など感じ取る回数が増えれば増えるほど、それらが会社の業績に影響していることを理解できるようになるのです。企業の強みや弱みを、言葉としてではなく実感として捉えることができるようにもなります。

また、この理解は「自分は顧客企業を良く知っている」との自信にもつながります。この自信が相手にも伝わり、好ましく感じられる可能性もあります。

② 長期的な信頼関係を築ける

　人は同じ人物に会えば会うほど、その人に親しみを抱くようになります。企業経営者と渉外担当者の間に信頼感が生まれる場合もあります。渉外担当者が会うたびに自分の話を真摯に聞き、次回訪問時には依頼した書類等を忘れずに持参すると、親しみや信頼感が増幅されるでしょう。

③ 顧客の変化を察知できる

　企業は、人材流出などの社内事情や、景気などの外部事情から絶えず影響を受けており、時には屋台骨が揺らぐ場合もあります。御用聞き営業をしていると、このような変化を迅速に察知できるようになります。連鎖倒産の可能性を素早く察知できる場合もあれば、影響が軽度であれば資金調達して耐久力を増すよう提案できる場合もあります。

④ ビジネスチャンスを掴める可能性が高まる

　金融機関の御用聞き営業を「融資のご用はありませんか？」とヒアリングすることだと考えていると、ビジネスチャンスを掴むことはできないでしょう。「相手をよく理解する」「信頼関係を結ぶ」「変化を察知する」御用聞き営業が実践できると、ビジネスチャンスを掴みやすくなります。「融資を検討しているのだが」という言葉を聞いて季節

資金なのか継続借入れなのか、人材不足への対応なのかなどの事情を察して的確な融資商品を提案できれば、信頼が高まり、次からは優先して相談が寄せられる可能性が高まります。

⑤提案型営業などの発展的営業手法の基盤となる

　金融機関が存在意義を高めていくためにはプロアクティブな提案型営業や、相手企業の財務改善などとセットにしたコンサルティング営業、あるいはビジネス変革を目指した戦略的行動に対応する営業を手掛ける必要があると言われています。

　顧客は、提案型営業やコンサルティング営業などを受け入れるかどうか決める時、それが我が社に適合しているか、経営者や幹部職員、従業員などに受け入れられるか、職場の雰囲気などを悪化させないか、逆に向上させるものかなどを基準に判断しています。このため財務状況や工場・店舗の設備・従業員数などに係る定量情報だけでなく、経営者や幹部職員、従業員などの人、働き方、ひいては職場の雰囲気などの定性情報などに精通しておくことがポイントになります。これらは御用聞き営業から得ることができます。

⑥他に得難い支援者になれる基礎ができる

　今後、事業改善・事業再生に取り組まなければならない企業が増えると考えられます。このような企業を信用保証協会と連携して金融支援する場合には、定期的なモニタリングや信用保証協会への報告、そ

して経営支援などの伴走支援が要件とされる制度保証を活用することになるでしょう。信頼される伴走支援者になるには、顧客をよく理解して愛着を持っていることが原点です。それは御用聞き営業で培われるものなのです。

⑦渉外担当者自身の将来が開ける

地域金融機関にとって一番大切なのは、地域との良好な関係に他なりません。高度な審査能力や巧みな営業戦略も重要ですが、それは顧客と良好な関係を築いてこそ生きてくるものです。顧客と良好な関係を築きあげた御用聞き営業に熟達した渉外担当者こそ、次世代のリーダーとして認められ、期待がかけられると考えられます。

⑧自行庫（組織全体）の信頼性向上につながる

御用聞き営業に熟達した渉外担当者を多く抱える金融機関は以上の事情から、顧客からの信頼を勝ち得ることができるでしょう。御用聞き営業に熟達した渉外担当者は単なる偶然では生まれません。1人や2人なら個人の努力に頼れますが「あの金融機関の渉外担当者は、誰が来ても外れがない。我が社のことに関心を持ってくれ、きめ細かく対応してくれる」と言ってもらえるようになるためには組織一丸の真摯な取組みが必要となります。これが金融機関の地域における存立基盤、あるいは顧客から見た存在意義が確立される推進力となるのです。

2 御用聞き営業を ステップアップさせるポイント

　では、御用聞き営業をステップさせるために、何をすべきか考えて
みましょう。

（1）まずは訪問前の準備が肝心

　まず、訪問前には必ず事前準備します。具体的には以下の㋐〜㋓を
調べておきます。

㋐ 顧客企業のことをよく知る

　最も大事なのは顧客企業や当該企業との取引経緯を頭に入れておく
ことです。自社の業種・業態はもちろん、得意先や仕入先・競合企業、
保有設備や従業員数、強みや弱み、業界や市場の景況やトレンド（機
会・脅威）、当社の業況や売上高・利益状況等をスラスラ言える渉外担
当者なら、顧客は「この人は我が社のことをわかっているな」と感じ
ます。

　顧客企業について、例えば「金属加工業」と知っていても切削加工
（旋盤などで削る）、成形加工（金属を加熱して型に押し込んで形を作
り出す）、溶接（金属を溶かして接合する）、表面処理（塗装・めっき・
研磨など）のいずれを行うかを知らない担当者がいますが、それでは
顧客・経営者の信頼は得られないでしょう。経営者についても、創業
者か否か、前職は何か、何を得意とし、何に関心があるかも記憶して

おきたいものです。

また、過去の取引について記憶していることも信頼につながります。「数年前に利用した制度をもう一度利用したいので説明を聞きたい」と尋ねた時、「さあ、それはどんな制度でしたっけ？」と質問してくる渉外担当者に相談したいと考える経営者はいないでしょう。

これらを頭に入れるため、最初のうちは、面談前にメモや決算書、最新の試算表などを見て復習しておくのが効果的です。

ⓘ 営業目的を把握する

御用聞き営業の目的をあらかじめ確認しておくと、面談を成功させられる可能性が高まります。訪問する顧客企業が毎年一定時期に資金調達するのを常としているなら、今年は申し込まないかを尋ねることは御用聞き営業の重要な目的です。それに気付くために顧客の過去履歴をもとにカレンダーにメモするなど、忘れないように準備しておきましょう。

「融資を提案しても断らなければならない可能性もあるので、こちらからは声を掛けづらい」と思うなら、相手企業をもっと良く理解する努力を払えばよいのです。貸出先の決算書（財務諸表）は毎年受け取り、定期的に信用格付を行っているので、おおよその目安は立てられるはずです。決算からしばらく時間が経っていたとしても、定期的に訪問してその後の推移を一番体感しているのは渉外担当者です。必要であれば上司や融資担当者に確認しましょう。

㋟ 宿題に対応する

前回訪問時に情報提供や書類の持参等を依頼されたなら、忘れずに対応できるよう準備します。

㋨ 話題を用意しておく

コミュニケーションを円滑に行うため、話題を準備しておくのも効果的です。途中で会話が途絶えて気まずい雰囲気になることがあるなら、さりげなく持ち出せる話題を考えておくことです。天気やスポーツのこと、地域のイベントや共通の知人など、話題にできるネタをいくつか考えておくと良いでしょう。

企業をよく知るための質問を準備しておくことも有効です。前回面談時での会話で気になるところがあれば、さらに質問などができるよう準備しておくも良いでしょう。その時には何気ない会話だと思っていたことが、次の面談時にノートを読み返すと課題やニーズ等の示唆であったと気が付く場合があります。それを確認、必要に応じて深掘りすると、企業の理解が深まるほか、相手からの信頼も高まるかもしれません。

（2）「訪問時の振る舞い」も御用聞き営業では重要

訪問時の振る舞いについても大切です。もし今まで気にしていなかったら、次の㋐〜㋓はぜひ心に留めておいてください。

㋐ 顔見世する

　顧客企業を訪問したら、担当者が対応してくれる場合でも、必ず経営者の顔を見て挨拶しましょう。呼び出すのではなく立ち寄って挨拶します。毎回いつの間にか来て、いつの間にか帰ってしまう渉外担当者のことを思い出し「今度はあの渉外担当者に相談してみよう」と考える経営者は少ないからです。

㋑ 声や表情を考える

　普段から挨拶の声が小さいと注意されることがあるなら、適当な声量や高さで声掛けするよう意識することで、好印象を与えられる可能性があります。

　身だしなみに乱れがないかを気遣うのはもちろん、表情も和らげておきましょう。満面の笑みである必要はありませんが、仏頂面は良くありません。「訪問を楽しんでいる」との気持ちが現れている表情が良いのです。

㋒ 関心を持つ

　相手が自分に関心があるかないか、会話するとよくわかります。新人職員が入社した、ホームページに新しい記事が掲載された、事務所のレイアウトが変わったなどに気付いて話してくれる渉外担当者に、顧客は親近感を抱くものです。

㋑「快い」を引き出す会話をする

　人は褒められると快く感じます。「従業員が挨拶してくれてうれしい」「清掃が行き届いていて素晴らしい」に気付いたら積極的に伝えましょう。一方で愚痴を言わないことも大切です。自行庫や上司の愚痴を外部に言う人を快く思う経営者はいませんし、そのような相手を信頼することもありません。また「この人は我が社の愚痴も、こうやって他社に言いふらしているのだな」と考える可能性があります。

（3）質問を軸とした会話を磨く

　能動的な御用聞き営業を行うポイントは、「情報を引き出す質問を行う」ことです。皆さんも自分で体験していると思いますが、「この質問には答えたくないな」と思うこともあれば、工夫された質問なら自然と答えが出てくることもあります。

㋐ 外堀から埋めていく

　上手な質問の仕方として「外堀から埋めていく」アプローチがあります。例えば融資キャンペーン時に、いきなり「お借入れは必要ありませんか」と質問するのではなく、「最近、物価の高騰や円安などの影響が大きいという話をよく聞きますが、御社ではいかがですか？」と質問、イエスとの答えを引き出し、さらに「運転資金が余計にかかり、現預金が不足しているという話も聞きますが」と質問、またイエスとの答えを引き出した後に融資の話を持ち出すと、自然に受け入れ

られるかもしれません。

㋑ 聞き方を工夫する

次に、顧客の答えを聞くときの「聞き方」にも注意を払いましょう。借入れが必要か質問した場合に、イエス・ノーで即答する経営者もいれば、本題になかなか入らない経営者もいます。このような場合に、きちんと聞けているでしょうか。

多くの場合、そういった経営者は本題以外の会話を重ねることで自分の考えを整理しようとしています。そんな時に「聞きたいのはそんな話ではない。早く答えが欲しい」と言わんばかりにイエスかノーかを問う追加質問を投げかけたのでは、相手の信頼感が薄れてしまう可能性もあります。心の余裕を持って話を聞けるよう意識したいものです。

(4)「能動的に聞く力」を身につける

「能動的に聞く力」も身につけましょう。例えば、「積極的リスニング」があります。顧客の話を黙って聞いているのではなく、確認をしたり、真意を深掘りする質問を交えながら聞いたりする手法です。時には相手の言葉を繰り返したり、言い換えや要約などで相手の確認を取る、わからない専門用語があれば解説を求めて会話を深めるといった手法も有効です。

漫然と聞いていると会社を後にすると忘れてしまいがちですが、積

極的リスニングをすることで記憶に留めておくことができます。相手の好感度も上がるでしょう。

（5）話す力も養う

　コミュニケーションは双方のキャッチボールで成立するので、自分の言葉や提案が相手にうまく伝わるよう工夫することも大切です。考えをわかりやすく、簡潔に伝えられるよう意識します。公式の説明資料があるなら必ず持参し、専門用語を避けてわかりやすい言葉で説明したり、簡単な応用質問を投げかけて相手方の理解度を確認しながら話を進めたりすることが大切です。

　メインとなる話題が終わった後に雑談として話した業界ニュースなども、意外と参考になります。次回は情報収集した上で訪問することで、より積極的な反応が得られるようになるかもしれません。

（6）相手の反応を観察できるようにする

　面談では相手の反応や表情などまで察知できるようになりたいものです。質問にきちんと答えてくれ、それも答えだけではなく、自身の体験談やその時の感情まで話してくれる場合は、コミュニケーションが上手くいき、信頼関係が醸成できている証拠です。

　逆に質問に答えてくれない（無反応）、あるいは表情が曇ってしまうといった反応からも考えを察することができます。質問に答えてくれない経営者には「もし日を改めてお話しいただけるなら、またその

ときにお考えをお聞かせください」と伝えて他の話題に切り替えることで、いつか顧客の心を開かせることができるかもしれません。

（7）メモを取る

　面談中は、依頼事項や重要ポイント、記憶しておきたい事項などについてはメモを取りましょう。要望への対応は最重要課題で、漏れなく遅滞なく対応しなければなりません。場合によっては上司に相談、組織ぐるみで対応する必要もあるでしょう。

（8）メモを活用する

　メモは、面談の振り返りに活用できます。提案を受け入れられた場合、何が決め手だったか分析します。提案を受け入れられなかった場合も分析します。その場では提案に意識が集中してしまい、実は相手は抱える問題・課題、ニーズを語ったにもかかわらず受け流してしまったことが原因かもしれません。振り返ることで、新たに気付ける点があるかもしれません。次回、対応できるようまとめておきましょう。

　自分の対応も振り返りましょう。良い質問ができたか、聞く姿勢は適切だったかなどを評価することで次回以降に活かせます。また準備が十分だったかについても考えましょう。自分は十分だと思ったのに会話を弾ませられなかった経験をポジティブに活かすことにより、今後は過不足のない準備が行えるようになるでしょう。

　面談の記録・振り返りをした時点で、できるだけ次回の計画も立て

ておきましょう。御用聞き営業は一定の時間を置くのが普通なので、次回面談の計画は行く前（前日、あるいは訪問日が含まれる週の計画を立てる日）に行うことが多いと思われます。しかし、それでは今回面談で気付いたことのフォロー（深掘りや、宿題・要望）への対応、場合によっては相手に誤解を与えたり不快な思いをさせてしまったことへのフォローを失念してしまう可能性があります。このため面談したらすぐに、次回の計画を叩き台レベルで立てておくのです。

(9) 自行庫を良く知る・周辺情報も頭に入れる

御用聞き営業の熟練者を目指す上で、自行庫を良く知ることも大切です。顧客から自行庫の商品を活用したいと言われた時に答えられないと、信頼は落ちてしまうでしょう。顧客は時として他の金融機関あるいは信用保証協会、地域自治体の商品名・制度名を口にする場合があるので、これらも押さえておくことが求められます。

自行庫・支店の重点項目や繁忙期・閑散期を押さえておくことも大切です。顧客から要望を聞き「これに対応すれば相手方の信頼も高まるだろう」と期待して持ち帰ったのは良いが、忙しすぎて対応できないと信頼を落としてしまうかもしれません。逆に、他のタイミングではなかなか応えにくい要望でも、特定のタイミングではキャンペーン中なので受け入れられるという状況もあるでしょう。

（10）外部の知恵を利用する

　可能であれば同僚や先輩、上司から、第三者視点の意見を聞いてみましょう。もし先輩や上司の営業に同行するチャンスがあるなら、沢山のアイデアが得られるはずです。

　自行庫で営業に関する座学やロールプレイングなどの教育・トレーニングプログラム、あるいは先輩・上司などによるメンターシップ、外部専門家によるコーチングなどが準備されているなら、積極的に活用しましょう。

御用聞き営業のレベルを高める10のポイント

（1）まずは訪問前の準備が肝心

（2）「訪問時の振る舞い」も御用聞き営業では重要

（3）質問を軸とした会話を磨く

（4）「能動的に聞く力」を身につける

（5）話す力も養う

（6）相手の反応を観察できるようにする

（7）メモを取る

（8）メモを活用する

（9）自行庫を良く知る・周辺情報も頭に入れる

（10）外部の知恵を利用する

3 御用聞き営業を行いながら 「資金需要」を掘り起こす

　次に、御用聞き営業を行いながら、資金需要をどのように掘り起こすか考えていきましょう。

　通常は、御用聞き営業を行う間に顧客から融資の申込みを受けることが多いと思います。相手方企業が毎年の一定時期に季節資金を調達する、毎年あるいは数年ごとに返済資金を調達している場合に、顧客から融資の相談を受けることになります。

　しかし、これでは能動的な御用聞き営業とは言えません。以下では、能動的な御用聞き営業では、どう資金需要を掘り起こすのか、考えていきます。

（1）課題対策として資金需要を喚起する

　顧客が問題や課題に直面して対策を行おうとする時に資金を必要とする場合があります。例えば原材料価格などの高騰を受けて、製品への価格転嫁を考えたとしましょう。渉外担当者は価格転嫁が実現するまでの期間も円滑に事業を進めるため、普段以上に運転資金を確保するよう提案できるかもしれません。

　また、仕入ロットを増やすことで価格を抑えるアプローチもあると伝え、その策を実行するための運転資金借入れを提案できるかもしれません。あるいは生産拠点が分散化しているのでロット拡大が難しい企業に、生産拠点集約のための設備資金を提案できるかもしれません。

第3章 渉外担当者の「日常営業」をブラッシュアップする

（2）ソリューションの利用を促し資金需要を喚起する

　金融機関には、さまざまなソリューションビジネスがあります。顧客の課題を解決する手段として、ソリューションの利用を提案、それに伴い必要となる資金を調達する手段として、融資の提案ができるでしょう。

　例えば、慢性的な人手不足に悩む飲食店には、多機能調理器やタブレットを用いたテーブルオーダーシステムの導入が必要でしょう。そうしたシステムを取り扱う企業をマッチングするとともに、合わせて設備投資費用を融資するという提案が考えられます。

（3）「早めの経営改善」を促す中で資金需要を掘り起こす

　2020年からの新型コロナウイルス感染症蔓延によるビジネス環境の激変に合わせて、新規事業をスタートさせたものの、事前に考えたほどの手応えを得ることができず、売上・利益目標が未達になっている——このような企業は少なくないと思います。

　このような顧客が、あと数カ月で資金が枯渇するタイミングで折返し融資を申し込むと、金融機関としては対応できない可能性が高いでしょう。そうならないように渉外担当者は、日頃の御用聞き営業の一環で、信用保証協会の「経営改善サポート保証」などの利用を勧められるかもしれません。「難しい環境下ではあるが利用できる制度融資がある」と説明しつつ、事業の立て直しに早期着手するよう勧めるのです。

77

4 融資案件の
自行庫内調整を理解する

　資金需要を掘り起こし顧客から融資申込みの打診があった場合には、次に自行庫内調整を行います。渉外担当者は、この「自行庫内調整」にもいろいろ気を配ることになります。以下では、スムーズに自行庫内調整を行い、申込案件を実行につなげていく方法について考えていきます。

（1）金融機関側の「融資できる原理」を理解しよう

　融資審査とは、顧客を分析・評価して、決まった点数（合格点）以上であれば実行というロジックを前提にすると、自行庫内調整という言葉は奇異に感じられると思われます。しかし、金融機関は融資可否を機械的に判断している訳ではありません。金融機関はそれぞれ「融資できる原理」を持っており、それに基づいて融資判断しています。時には合格点に届かなくても融資するという判断もあるのです。
　どのような判断基準があるのか、紹介しましょう。

㋐ 信用格付

　2019年12月に金融検査マニュアルは廃止されましたが、1999年以降、金融機関は信用格付を用いた融資判断に慣れており、廃止後もその利用は否定されていないので、多くの金融機関が「融資できる原理」として信用格付を活用していると考えられます。財務諸表を

第3章　渉外担当者の「日常営業」をブラッシュアップする

ベースにしたスコアに加え、経営状況や経営者の資質等の定性情報も踏まえて、企業のスコアを算出、債務者区分に照らし合わせて得られた信用格付により融資の可否を判断します。

⑦ 融資5原則

金融機関は「融資できる原理」として、以下の融資5原則を活用しています。

- 融資の原資が個人や企業からの預金であることから、金融機関の利益のみならず公共の利益に資することに着目する「**公共性の原則**」

- 預金者保護や金融システムの健全な維持などのため融資資金は確実に回収できることに着目する「**安全性の原則**」

- 金融機関は自行庫の存立基盤を固め、顧客・地域とともに成長するために適正な利益を確保する必要があることに着目する「**収益性の原則**」

- 融資期間は預金期間に見合っている必要があることに着目する「**流動性の原則**」

- 融資した資金が融資先の成長・発展に役立つとともに金融機関自身の成長・発展にも役立つ必要があることに着目する「**成長性の原則**」

例えば、スコアリングでは融資は難しいと判断される場合でも、公共性の原則を実現する度合いが高いと考えられる場合は、事業性評価を行いながら融資を認めるという判断もあるのです。

79

⑦ 長年にわたる信頼関係

　企業取引では長年の信頼関係を重視しますが、金融機関も同様です。「これまで苦しい状況でも誠実に返済を続けてきた企業である。今後も誠実に返済してくれるだろう」との信頼感を踏まえて、斟酌する場合があるのです。

　逆に、予告なく返済を滞らせてしまい、急いで連絡をとると「売掛金が回収できなかったから」と悪びれず言い訳をする顧客に対しては、普段からノルマ達成に協力してくれていたとしても、信頼感を持つことは難しいと考えるのが金融機関です。

⑪ 地域・サプライチェーンなどへのインパクト

　例えば、スコアリングでは融資は難しいと示唆される案件でも、申込企業が融資により発展を遂げると地域やサプライチェーンに好影響が生じると考えられる場合、融資を行うという判断があります。

⑪ 事業改善の蓋然性

　同様に、スコアリングでは融資は難しいと示唆される案件でも、事業改善に取り組んでおり一定の効果を上げていれば、融資実行に前向き姿勢になれる場合があります。

　また事業性評価を行う場合に、今までの実績からすると実現は難しいと感じられるような事業計画について、計画数値の根拠をアクションプランにまで展開して丁寧に説明していれば融資可能と判断できる一方で、そうしたアクションプランがない案件については融資は難し

いとの判断につながることが少なくないのです。

（2）顧客側や案件内容を根拠とする「融資できる原理」

　金融機関側の「融資できる原理」の他に、顧客側の姿勢や、案件の内容によっては、スコアリング・信用格付が悪くても、事業性評価を行いながら融資できることがあります。

㋐ 顧客側の情報開示姿勢

　例えば、スコアリングでは融資は難しいと示唆されるものの、資金使途や必要性、返済原資等が詳細に説明されていれば、事業性評価により前向き姿勢になれる場合があります。

㋑ 信用保証協会との連携の可否

　顧客が信用保証協会と良好な関係を保っており、スムーズに信用保証協会と連携しながら融資できるのであれば、前向きに融資を行うという判断となるでしょう。逆に、顧客が以前、信用保証協会付き融資で違反をしたことがあり、信用保証協会との関係が悪いのであれば、見送りという判断もあります。

（3）自行庫内調整で渉外担当者に求められる動き

　顧客から融資依頼を受けて、稟議を上げれば、それで渉外担当者の取組みが終わり、というわけではありません。以下のような動きを行

う必要があります。

㋐ 単純な取次役に終始せず、「調整」を意識する

　渉外担当者に求められているのは単なる取次ぎではありません。顧客の業況や取組み、資金を必要とする状況などと、金融機関の「融資できる原理」をマッチさせることで、結果的に融資できるとの判断が出やすくする役割を果たすことが求められています。

㋑ 情報収集の徹底

　渉外担当者は、情報収集、それも情報をたくさん集めてくることが大切です。

　情報収集は、適切な融資判断につながります。金融機関は、原則として与えられた情報の中で融資の可否を判断します。財務情報をもとに信用格付すると「融資は難しい」と判断せざるを得ない場合に、得られる情報が融資申込書に記載されている情報だけだと、判断を覆すのは難しいでしょう。別途説明書や渉外担当者からの報告により例えば30項目以上の情報があれば、融資できる原理に該当する可能性が高まります。判断に直接つながる情報でなくても、融資できる原理に当てはまる可能性が見つけられたら追加の説明や書類を求めて情報を補足することで、融資実行につながる可能性が高まります。

㋒ 財務に表れる指標の理由を確認する

　財務諸表などに現れる顧客の特徴について把握しておくことも大切です。不調な企業でも、例えば売上高総利益率（粗利率）は良好な数

値を維持しているなど、良好な数値・指標値・トレンドが見られる場合があります。これは、売上拡大に向けた努力が実を結べば早々に黒字化できる可能性があることを意味しています。

　渉外担当者がそれに気付いたとしても、それだけで事業性を認めて前向きな審査ができるわけではありません。粗利率の高さは偶然かもしれないので、その現象だけで融資可能と判断することはできないのです。

　一方で、渉外担当者が顧客に理由を問うと、「魅力的な商品を地域では独占的に仕入れることができる」「自社の技術力が認められて付加価値が高い」など、自社の努力により粗利率が高いのだと説明があれば、稟議書に付記できるでしょう。その情報が、融資判断を前向きにするかもしれないのです。

㋑ 取組みを問う

　赤字が連続する企業は「融資は難しい」と示唆するスコアが出るでしょう。しかし赤字が続く状況に慣れてしまい従来の経営を続けている企業と、資金が尽きる前に立ち直りたいと事業改善・事業再生に向けた努力を始めている企業を同じように評価するのは適切ではありません。事業性評価の対象になり得るのはもちろん後者です。

　このため融資は困難とのスコアが想定される企業に対して事業改善・事業再生に向けた取組みを行っているかを事前に問うてみることは、渉外担当者の重要な役割です。もし行っていれば取組内容や現在に見られる成果などもヒアリングしておきましょう。

㋒ 取組みの「見える化」を図る（事業計画の提出を受ける）

　企業の取組みを計画書として提出してもらうことも、融資判断に大きな影響を与えます。取組みの方向性（戦略計画）を定めた上に将来の売上・利益を固めに計算（数値計画）し、それを実現するための具体策（行動計画）までを経営改善計画（事業再生計画）として取りまとめており、その実現可能性が高ければ、事業性評価により融資が可能になるかもしれません。

　経営者は計画を作成するよりも、現場で手を動かしたほうが良いと考えるでしょう。しかし金融機関としては、取組みや将来の姿が見える化されていなければ事業性評価が難しい場合があります。金融機関の事情を理解して事業計画を策定するよう企業・経営者に納得させることは、重要な調整の最右翼と言えます。

第3章 渉外担当者の「日常営業」をブラッシュアップする

5 御用聞き営業から 日常の経営支援につなげる

　近年、地域金融機関の渉外担当者による本業支援への期待が高まっています。本業支援とは IT（DX）導入や人材不足への対応、SDGsや海外展開に向けた取組み、あるいは事業承継（M&A を含む）など、中小企業が抱える事業上の課題解決に向けてコンサルティングや専門家の紹介、あるいは参考情報を提供することだとされています。

　本書では本業支援の一環として「経営支援」を含めたいと考えています。企業が元気さを保てるよう、あるいは経済インシデントに直面して財務体質を劣化させてしまったものの再び金融支援が受けられるように、企業経営についてアドバイス等する取組みです。この場面でも渉外担当者は重要な役目を担うことができます。

（1）経営支援に取り組む

　渉外担当者は、経営者・担当者から顧客企業について、いろいろな話を聞かされているでしょう。もっとも、渉外担当者はそれら経営問題・課題について精通しているわけではなく、解決に向けた取組み方法について専門的知識も持っていないので受け流していることが多いのではないかと考えられます。しかし専門的知識を持ち合わせていなくても可能な経営支援があります。御用聞き営業からステップアップするには、次のような取組みを進めるアプローチがあります。

85

⑦ 財務分析による本質的問題・課題探求

　渉外担当者ができる本業支援の第1として、財務分析による本質的問題・課題探求が挙げられます。経営者は自社について数多くの問題意識や課題意識を持っているでしょう。問題・課題の多さに押しつぶされて、どれから手をつけたらよいのか経営者自身、よくわかっていない場合もあり得ます。

　このような場合、財務データを売上高総利益（粗利益）や経常利益、人件費、諸経費、金融費用レベルで分析することで問題・課題の所在を特定し、それに対応する現場がどこか、あるいはどの活動かなどと探っていくことが可能になります。企業経営者が一人で対処するのは難しくても渉外担当者の支援によって、問題・課題を的確に把握して効果的な対策立案につなげられる可能性が高まるのです。

⑦ 比較による特徴（強み）の把握

　第2の本業支援として、比較によって企業の特徴を把握する支援が挙げられます。顧客企業の強みや弱みなどを把握したい場合、金融機関としては経営者自身に問うことが少なくありません。しかし、的確に答えられる経営者は必ずしも多くはないとの印象があります。

　こうした状況で、的確な判断を導き出す方法の1つとして「他社との比較」が挙げられます。同業種・同業態の他社と比較することで、自社の特徴、強みや弱み、機会や脅威を的確に洗い出すのです。

　渉外担当者は適切な観察対象を挙げて比較するように励まし、時には一緒に分析し、他から学ぶべき点があれば積極的に見つけ出して真

似るよう提案することにより、効果的な経営支援を行うことができます。

⑦ 問題・課題解決策の実行支援

第3の本業支援として、問題・課題解決策の実行支援が挙げられます。中小企業経営者は、自社の問題や課題を的確に捉え解決策も持ち合わせているのに、実行段階で及び腰になっている場合があります。例えば自社の赤字解消に向けて価格転嫁が効果的だとわかっているのに行っていない場合などです。このような状況を観察すると、実行に踏み切れない理由として大きく3つが挙げられます。

> **①具体的な姿を描けていない**
> 価格転嫁する方向性は定めたが、どれほど値上げすれば良いのか決め切れていない
>
> **②成功に至る道のりがわかっていない**
> 取引先に値上げを納得してもらうための説明資料が作成できていない
>
> **③万一の失敗を考えると身動きが取れない**
> 価格転嫁を持ち出すと取引先が逃げてしまうと考えて、部下に指示を出せない

渉外担当者は、手をこまねいていると悪影響が増大し取り返しのつかない状況に陥りかねないことにも目を向けるよう促せるでしょう。解決策の具体化を図り、準備を整え、不安に打ち勝てるように練習し

たり、いざという場合の対処策を事前に考える伴走支援を行うのです。中小企業が直面する問題・課題の多くについては書籍や専門雑誌などで詳しい解説があり、時には具体策の提案もあるので、これらを活用しましよう。

（2） 今後求められる速効回復支援

　渉外担当者が行える本業支援として、経営支援以外に「速効回復支援」が挙げられます。速効回復支援とは事業性評価支援士協会が提唱している、凋落傾向にある企業を経営者のマインドを変えることにより比較的早期に回復に向かわせる支援のことです。

㋐ 経営者マインドの影響力

　企業、特に中小企業は、事業環境の変化などにより業績が常に変動するのが普通です。そして新型コロナウイルス感染症などのパンデミック、巨大企業の倒産、金融システムの不調、在庫調整などによる景気の失速などがあると、大きく影響を受けます。取引先の倒産などから深刻な事態に陥る場合も少なくありません。

　ただ、現実には、同じ事業環境下にありながら、ある企業は倒産に至る一方で、別の企業は倒産を免れ、時には回復して発展に至ることも少なくありません。この差はどこで生まれるのでしょうか。

　要因の1つとして経営者のマインドが挙げられます。困難な状況に直面した時に「どうすればよいかわからない」「まだ大丈夫」「ギリギリになったら頑張ろう」と考えて特段の取組みを行わない経営者の企

業は、最悪の事態に陥る可能性が高いのです。逆に「どうすればよいのか真剣に考えよう。支援を受けながら検討しよう」「早めの対応が肝心だ」「早めにPDCA（Plan＝計画・Do＝実行・Check＝評価・Action＝改善の頭文字を取った言葉で、継続的な改善を促す手法）を回しながら余裕を持って対応しよう」と考えて取り組み始める経営者の企業は、苦境を乗り切り、遂にはそれをバネにして発展を遂げられる可能性が高いのです。

ⓘ 危機感を抱かせる

　ここでポイントとなるのは経営者に危機感を抱いてもらうことです。これは「会社がダメになる」とか「倒産する」などと発言して脅すことではありません。まだチャンスがあるタイミングで事業改善の取組みを行わないと将来に禍根を残すことになる、そのようにならないようタイミングを逸することなく取組みを始めるよう勧めることです。

　経営者は「会社の危機」というと資金が枯渇して買掛金や給料などが支払えない、借入金の返済もストップせざるを得ない状況をイメージしているかもしれません。

　確かにそれは危機ですが、この状況に至ると対処策は限られます。明るい希望を持って前向きに取り組みながら最悪の事態を避けるためには、そのタイミングよりもずっとずっと前、半年から数年前に「危機」を感じ、会社を立て直す取組みを始めるのが賢明です。

　企業経営者にこの危機感を伝えるための最適なポジションにいるのは、財務・会計を支援する顧問税理士と金融機関の渉外担当者です。渉外担当者が速効回復支援を行わなければ企業・経営者が早期回復を

遂げるチャンスを掴むチャンスは限られるでしょう。渉外担当者がぜ
ひ「速効回復支援」に関心を持ち、取り組むようお勧めしています。

第 **4** 章

元気な企業への対応

近代銀行の 午後3時30分

Aさん「ただいま戻りました〜」
B先輩「お帰り。あれ、どうしたの？ なんだか浮かない顔をしているようだけど…」
Aさん「実は、先ほどO社のP社長と面談してきました。もともと得意ではないお客様なのですが、今日はちょっと叱られてしまって、落ち込んでいるのです」
B先輩「このところ急成長しているO社か…。たしか設備資金のお申込みがあった先だね。それに何か関係しているのかい?」
Aさん「はい。投資計画や見積書などをお願いしても、もらえないのです。そんな情報まで金融機関に渡す必要はないと」
B先輩「なるほど、もう少し詳しく話してくれないか?」

——Aさんは約30分ほど前に、O社を訪れP社長と面談した場面についてB先輩に報告しました。

第 4 章　元気な企業への対応

Aさん「こんにちはＰ社長、近代銀行Ａです」

Ｐ社長「こんにちはＡさん、今日は何か？」

Aさん「先日お願いした投資計画や見積書などをお預かりできました
　　　らと思いまして…」

Ｐ社長「前にも言ったけど、君たち金融機関は企業のこと、何もわかっ
　　　ていないね。今当社はＩＴ企業として急成長を遂げているの
　　　で人材をどんどん増やさなければならない。増やすには働く
　　　場所が必要なので本社を建築する。今の成長度合いからす
　　　れば本社は大きければ大きいほど良いので、どれだけの本
　　　社とするかは金融機関が貸してくれる金額による。いくら貸
　　　してくれるかがわかれば、どれくらいの本社が建てられるか
　　　がわかる。順序が逆なんだよ」

Aさん「御社は、今後どのように成長していくかの構想を立てておら
　　　れるのではないでしょうか。そこには本社建築についても触
　　　れられているのではありませんか。それを拝見させていただ
　　　けるとうれしいです」

Ｐ社長「やれやれ、金融機関の渉外担当者というのは、こうも現場
　　　を知らないものなのかね。経営学では経営戦略や中期計画
　　　を立てるのが常識とされているので受け売りしているのだろ
　　　うが、計画通りに進展することなど絶対にない。だったら
　　　計画など立てる必要はないのではないか。自分は使わない
　　　のに金融機関向けに計画を立てるだなんて、ナンセンスだと
　　　思わないかい？」

近代銀行の
午後3時30分

Aさん「もちろん利用しない計画書を金融機関向けに提出するのは
　　　ナンセンスだと思います。しかし…。」
P社長「悪いが、今日はこれで終わり。Aさんの手腕に期待してい る
　　　よ。できるだけたくさん貸してくれるよう、上を説得してくれ
　　　たまえ」

――悔しそうに話すAさんの報告を聞いてB先輩は…。

B先輩「なるほど、急成長の社長にはありがちな考え方だけど、P
　　　社長は極端だね」
Aさん「O社は、昨年運転資金のお申込みでも、借りられるだけ借
　　　りたいとのご要望でした。今回は設備資金なので、運転資
　　　金のようにはいきません。融資成績につながりそうなので、
　　　断るのはもったいないですが、もう投げ出してしまおうかと
　　　考えるほど悩んでいます」
B先輩「なるほどね。ただ、O社のような元気な企業とのやりとりは
　　　Aさんにとって、そしてP社長にとっても成長のバネとなると
　　　思う。投げ出すにはもったいないチャンスだと私は思うな」
Aさん「え？　私はとにかくP社長にとっても成長のバネになるので
　　　すか？　それはどういう意味ですか？」
B先輩「―それはね…」

第 4 章 元気な企業への対応

1 元気な企業への
運転資金対応

　御用聞き営業に慣れてきた渉外担当者が次に直面するチャレンジ
は、「元気な企業への対応」(「渉外成熟度モデル」の第 2 段階) です。
元気な企業への対応は御用聞き営業とは質的に異なるので、成熟度が
1 段階アップするのです。

　冒頭のＡさんとＰ社長のやりとりは、極端ではありますが、元気な
企業の社長との間で、よく見られる光景ではないでしょうか。資金需
要が旺盛、かつ経営者も積極的な姿勢なので「借りられるだけ借りた
い」と申し込まれる場合が少なくありません。

　金融機関としては、このような申込みに応じることは難しいでしょ
う。だからと言ってＡさんのように諦めてしまったのでは、相手方企
業にも良い結果にはつながりません。本節ではまず、運転資金の対応
について考えてみます。

（1）実は逼迫しがち。注意すべき成長企業の財務状況

　成長企業にはどのような特徴があるのでしょうか。会社の行動、状
況、姿勢、そして重要な財務状況からポイントを挙げてみましょう。

① 売上高の成長

　市場シェアの拡大、新製品の投入、あるいは新市場への進出などに

95

より売上高を増加させています。

② 活発な投資活動

　売上拡大の原動力は販売人員（人的資本）や店舗などの販売拠点
(物的資本)、工場などの生産拠点（物的資本）の拡大で、これらの調
達のため活発に資金（財務的資本）を投じています。

③ 拡大意欲

　時には需要拡大により受動的に成長する場合もありますが、多くは
経営者のリーダーシップにもとづく業容や業績拡大への強い意欲を原
動力としています。チャレンジ精神が旺盛で、時には大胆なプロジェ
クトを立ち上げて拡大を目指します。

④ 低い利益率

　売上拡大のため外部から儲かっていると思われがちですが、人件費
や仕入費用、宣伝広告・マーケティング費用、研究開発（R&D）費用
などが必要なので低い利益率に甘んじる場合が多いのです。また、競
争が激しい市場においてシェアを確保するために低価格戦略をとって
いる場合があり、利益低下に拍車がかかる場合があります。

第 4 章 │ 元気な企業への対応

⑤ キャッシュフローの変動が激しく
　 恒常的に不足傾向にある

　事前に商品を確保したり、販売要員を用意したりするタイミングでは資金が不足気味となり、順調に販売できると資金に余裕ができるという波があります。加えて、得られた利益を店舗・工場の拡大や人材育成等に投資すると、キャッシュフローの波はさらに激しくなり、恒常的に資金が不足する傾向となります。

⑥ 楽観的でリスクを恐れない姿勢

　資金不足に陥るリスクと事業拡大機会とを天秤にかけると、多くの経営者はリスクを恐れて保守的になり、企業は安定成長に向かいます。
　しかし楽観的で元気の良い成長企業は怯むことなく新たな取組みを行おうとします。時には「この取組みはリスクがあり、他企業は尻込みする可能性が高いからこそ、我が社が取り組む価値がある」あると考えて実行に邁進する場合があります。

⑦ 高い資金需要と負債比率

　以上から成長企業は資金需要が旺盛なものの、一部のベンチャー企業を除くと大半は借入に頼らざるを得ず、結果的に負債比率が高まります。「会社の元気の良さ」とは裏腹に、財務体質は脆弱である場合が少なくありません。それに加えて楽観的でリスクを恐れず、新たな

97

挑戦のため資金を調達したいとの強い思いを持っているので「借りられるだけ借りたい」と考える理由となっています。

(2) 運転資金の審査をどう進めるか？

金融機関は、成長企業から運転資金の申込みがあった場合、次のような観点で審査を進めることになります。

① 企業と市場の成長性、及び当該企業の市場における ポジションの把握

- 売上高の成長性（企業の成長トレンド）、市場そのものの成長性
- 企業の市場ポジション（シェアや競合企業との競争力）
- ビジネスモデル持続可能性（例：取扱商品が早々に陳腐化しない）
- 収益性改善の可能性、前提となる差別化が行われているかなど

② 経営状態の確認

- 顧客・取引先との関係性、従業員の姿勢
- 経営・事業運営能力（経営陣の経験・過去実績など）
- リーダーシップ（経営戦略や事業計画、ビジョンなどの策定・推進）
- リスク対応力（市場・競争、経済変動等に係るリスク把握状況や 管理・対応態勢）

③ 財務状況の確認

第 4 章 | 元気な企業への対応

（貸借対照表、損益計算書等の財務諸表、資金繰り表等から）

- 安全性・収益性・成長性・返済能力
- キャッシュフロー（例：波がありながらも予測できない変動は少ない）
- 資金の出入り把握をはじめとした財務マネジメント状況
- 財務諸表などの信頼性

④ 返済能力の確認

- 財務状況から導き出した返済能力
- 将来の売上・利益予測に基づく返済能力
- 提供される担保の価値や処分の容易さ、保証人の信用力や財務状況
- 過去の借入返済履歴
- 買掛などの信用取引や税金・社会保険等の支払状況

⑤ 申込金額妥当性の検討（資金使途：運転資金の場合）

- 仕入・給与支払などの事業運営費の必要性
- 資金繰り側面
- 今後の計画・予測
- 業界の標準的資金需要・同業他社の資金需要を参考にする場合がある
- 企業の成長ステージや成長計画との整合性を評価する場合がある
- 市場・景気変動など、リスクを含めた資金需要を見積もる場合がある

図表1 運転資金にかかる審査ポイント

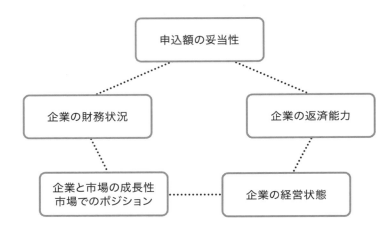

⑥ 財務側面

- 返済能力に見合った申込金額

⑦ その他の側面

- 与信・返済実績

　金融機関はこれらの観点で総合的に考慮し、融資の可否や条件を決定します。成長企業であっても財務状況が極端に不安定だったり、リスク管理が貧弱だったりする場合には融資が難しい、あるいは融資できたとしても申出額から減額が必要と判断する場合があります。

第 4 章 元気な企業への対応

（3）資金使途と金額を明確にすることの メリットをアドバイスする

　元気な企業の経営者が「借りられるだけ借りたい」と考えるのは理由があり、経営者なりの合理性に基づいています。しかし金融機関側はそれを全面的に受け入れることはなく、「資金使途と金額を明確にして申し込んでほしい」と対応します。これは金融機関が慣習に従って漫然と依頼しているのではなく、資金使途と金額を明確にして申し込んでもらうことが、企業にとってメリットがあると、経験上知っているからです。

　渉外担当者は、資金使途と金額を明確にして必要な額に限定して資金調達したほうが良い理由を、以下のように説明しましょう。

① 資金を効率的・効果的に利用できる

　効率的とは「無駄がない」ことです。例えば仕入資金について、必要以上に資金があると、固めに推算した数量以上に仕入れてしまったり、過去に販売実績がない（営業部門に売る術がない）品を安価だからと仕入れたりする可能性があります。このようにして仕入れたモノは、売れ残りになる可能性が高いことは想像に難くないでしょう。

101

② 経営戦略や計画（中期・年度）に沿った
　 支出行動ができる

　無駄な支出により経営戦略や計画実施に必要な資金が不足するという事態が避けられます。

　また、経営戦略や計画に基づき適切に支出した後にキャッシュが残った場合、まだ使える機器・什器を更新したり、内装工事をしたり、あるいは従業員のボーナスを普段より多めにしたりと、誤った使い方をしてしまう（浪費ではないがキャッシュが流出しがちな体質になる）ことが避けられます。

③ 資金管理が強化される

　成長企業は資金ショートを起こさないために資金管理を強化する必要がありますが、必要以上の資金が手元にあると、①②のような支出行動をとってしまい資金繰りの予実管理が難しくなります。

　資金使途と金額を明確にして必要額だけを資金調達すれば資金繰りの予実管理が容易になるとともに、予定外の資金増減を迅速・確実に把握できるようになり、原因究明して対策を打つことができるようになります。

④ 現場管理が可能になる

　中小企業でも現場のオペレーションは現場責任者に任せているのが普通です。そこで、現場の判断能力を超える問題現象が発生してしまったのに経営陣が即座に察知できないと、取り返しのつかない状況に陥ってしまう可能性があります。これを防ぐ方法として、実際に行った取組みと資金の消化状況を監視するアプローチがあります。

　例えば工場の場合、生産個数と労働時間（稼働時間）及び資金の消化状況を監視して進捗を見比べ、予定通りなら日常業務やプロジェクトが問題なく効率良く進捗していると判断できます。進行がアンバランスだと突発的な問題現象等が生じている可能性があるので現場に報告を求め、必要に応じて措置を講じる必要があると判断できます。

⑤ 金融機関などの債権者、取引先からの信頼度が高まる

　一般的に言うと、成長意欲のある元気の良い企業は安定状態にある企業よりも、財務諸表から読み解けない要素から業況や資金繰りへの影響を受けることが多いため、金融機関にとっては「わかりにくい」と感じられることが少なくありません。信頼度が相対的に下がってしまうのです。

　一方で、資金調達において資金使途と金額を明確にして必要額を調達する習慣のある企業・経営者については、金融機関は信頼を置きやすくなります。

（4）資本性ローンなど外部の力を借りて対応

　元気な企業・経営者の旺盛な資金需要に自行庫だけでは対応が難しい場合、外部の力を借りて対応する方法があります。

　例えば、日本政策金融公庫（以下、公庫）の資本性ローン※は、スタートアップから新事業展開、海外展開、事業再生等に取り組む企業の財務体質強化や、民間金融機関やベンチャーキャピタルからの資金調達の円滑化を目的とした、期末一括返済の融資です。新事業活動促進資金、海外展開・事業再編資金、事業承継・集約・活性化支援資金、ソーシャルビジネス支援資金などにかかる運転資金・設備資金に利用することができます。

　この資本性ローンを活用することは、次の2つの理由から顧客企業のみならず自行庫にもメリットがあります。

　第1は、資本性ローンによる債務は、金融機関の資産査定上で自己資本とみなせることです。本制度による債務は裁判所による倒産手続きが開始された場合、償還順位が給与債務や取引上の債務、一般の金融債務（償還順位が資本性ローンと同等以下のものを除く）などに劣後すると定められており、資本と同様に位置付けられているからです。このため資本性ローンを導入した企業について、同額を一般借入で導入した場合より自己資本が厚いと判断することができ、民間金融機関による支援が容易になるのです。

※ ＝挑戦支援資本強化特別貸付。　https://www.jfc.go.jp/n/finance/search/57.html

第２は、本制度の申込み時には公庫に事業計画を提出することになっていることです。公庫は、資本性ローンの償還順位が劣後していることを鑑み（資本注入と同様の意味合いであることを鑑み）事業計画を慎重に審査します。このため申込企業・経営者は、より真摯な姿勢で事業計画を策定し、審査において公庫から質問等があった場合にはきちんと対応するよう促されるのです。また実行後に公庫は定期的にモニタリングを実施するので、企業は計画の実行にも真摯に取り組むように促されます。

2 元気な企業への 設備資金対応

　次に、元気な企業からの設備資金対応について考えてみましょう。不況時などでは陳腐化した設備の更新や法的要請に対応するIT化など消極的あるいは必要最低限の導入を目指した申込みが多いのですが、元気な企業からは生産設備新設や既存設備生産能力の拡大、先を読んだ情報化や合理化などを目指した設備対応資金が申し込まれる場合があるので、渉外担当者にとってはチャレンジとなります。

　冒頭のAさんについて、P社長からいろいろ言われてしまった原因の1つに、Aさん自身が設備資金融資に必要な書類の多さに関して、社長の不満に答える術を知らなかったことが挙げられます。まずこの点から考えてみましょう。

（1）書類の多さへの不満に答える

　設備資金の融資申込においては多数の書類が必要とされます。**図表2**のように運転資金の場合と比較すると、その多さに驚きます。

　図表2を見てもわかるように、運転資金の場合には、資金使途や投資にかかる事業計画について、提出不要とすることが少なくありません。

　一方で、設備資金の場合には、購入する設備の明細・金額などを含む投資概要及び見積書の提出は必須とされますし、それ以上の資料（請求書、技術仕様書）あるいは投資計画の提出を求められることもあります。

第4章 元気な企業への対応

図表2 融資する場合に必要となる書類（運転資金と設備資金）

資金使途にかかる明細・計画

運転資金の場合	設備資金の場合
【必要に応じて】 資金使途明細（仕入、給与支払、事業運営費などの具体的明細）	**【必須（内容に差異あり※）】** ● 投資概要（購入等する設備・機械・什器など（以下「設備など」という）の明細及び金額などの他、見積書・請求書、技術仕様書などを含む） ● 投資計画（上の投資概要のほか、設備等の取得目的・利用方法など、導入・建設計画、予算、リスク・法的規制などの状況と対応方針・具体策など）

投資にかかる事業計画

運転資金の場合	設備資金の場合
【不要】	**【原則必要（内容に差異あり※）】** ● 事業計画（設備等を利用した事業の目的・概要、事業環境分析、事業の実施計画、収支予測・キャッシュフロー予測、リスク・法的規制の状況と対応方針・具体策など）

全社事業にかかる見込み・計画

運転資金の場合	設備資金の場合
【必要に応じて】	**【必要に応じて】**
● 市場分析（市場の現状、競合状況、将来の見通しなど）及び売上・支出・利益予測 ● 事業計画（既存事業を含む事業の目的・概要、事業環境分析、事業の実施計画、収支予測・キャッシュフロー予測など、リスク・法的規制などの状況と対応方針・具体策など）	

（注）「内容に差異あり」とは、申込金額や導入予定の設備、企業の財務状況などの事情により書類提出の要否や求められる記載の詳細さなどに違いがある可能性があることを示している。

企業情報

運転資金の場合	設備資金の場合
【必要に応じて】	【必要に応じて】
会社概要（事業内容、組織構造、主要な取引先、企業の歴史など） 経営陣の履歴書（職歴・業務経験（社内・社外）、学歴など） 企業の戦略計画など（経営戦略・ビジョン・長期的取組み、予想実績など）	

財務資料

運転資金の場合	設備資金の場合
【通常は必要】	【通常は必要】
貸借対照表、損益計算書など（3期分）、最新の試算表、税務申告書 キャッシュフロー予測（資金繰り表）	

担保・保証関連資料

運転資金の場合	設備資金の場合
【必要に応じて】	【必要に応じて】
担保情報（担保明細・評価など） 保証人情報（個人情報、関係、信用情報など）	

その他資料

運転資金の場合	設備資金の場合
【必要に応じて】	【必要に応じて】
主要取引先との契約書など（新規・継続取引に係る証明） 注文書・発注書（今後の売上見込みに係る疎明） 外部調査機関による企業の信用情報など	

第4章 元気な企業への対応

　また、設備資金の場合には、設備を利用した事業の目的・概要から事業環境分析、事業の実施計画、収支予測、リスク・法的規制などの分析を含む事業計画も必要とされることがあります。事業計画に記載すべき内容の詳細さは、申込金額や投資計画内容、投資が及ぼす企業への影響などを鑑みて決定されるのが普通です。

（2）設備資金融資で書類が増える理由

　設備資金に係る融資申込みでより多くの資料が必要となる理由は、設備投資が企業の長期的な戦略や財務状況に大きな影響を与えるためです。具体的には、以下のとおりです。

㋐ 融資金額が大きい

　設備資金の場合には運転資金より調達額が大きくなるのが普通です。金融機関は、より大きなリスクを取るため、資金が適切に活用されて企業の売上・利益に資するかどうかをはじめ慎重に審査する必要があり、このために多くの書類が必要となります。

㋑ 資金使途の明確化が必要

　設備投資はリスクが高いので慎重に計画を策定し、それに基づき確実に実行されなければなりません。この点で、資金が事前に定められた以外の使途に用いられるとリスクが跳ね上がります。

　他目的に流用される場合はもちろん、たとえ同種の設備であっても当初予定と異なる設備を導入したことで、周囲の設備との相性が悪化

109

した、法的規制を守れなくなったなどのリスクが発生する可能性があります。

このような現象を避けるため調達予定の設備に係る見積書や請求書、仕様書などの提出を求めます。事後に確認することもあります。

⑦ 返済が長期にわたる

設備投資の場合、設備を活用して収益が得られるようになるまで長期間を要する場合があります。また借入返済も長期かつ多額になる傾向があります。

そのため、企業が滞りなく返済を行える見込みを、導入する設備に係る事業計画（あるいは既存事業も含めた全社の事業計画）をベースにした収支計画や返済計画で確認する必要があります。

⑨ 設備投資は企業の内部環境あるいは
外部環境に変化をもたらす

運転資金は仕入資金や給与資金など、これまでの事業・操業を継続するための資金であることが多く、それゆえに借入効果などの予測が比較的容易です。

他方、設備資金は、生産における規模拡大や効率の向上、新製品の生産など事業・操業にかかる内部環境に変化をもたらすことを目的としていることが多く、借入による効果を予測するには多様な資料が必要となります。

また、設備投資により競合や顧客との関係、あるいは設備を設置する地域住民・社会などの外部環境にも影響を及ぼす場合があり、これ

を的確に把握するためにも多様な資料が必要となります。

㋒ さまざまなリスクが内在する

　例えば工場建設の場合、建設に必要な資材や作業員の調達が困難になる、費用が高騰するといった理由などにより作業が遅延したり、あるいは法的規制や近隣住民の反対などにより工事が中止となったりするリスクがあり得ます。

　これらを的確に把握・評価したうえで、予防策や対処策などが事前に準備されているかを検証するために多様な資料が必要となります。

㋕ 保全が重要

　上記㋐〜㋒で述べた多様なリスクに対応するため、設備資金融資では担保や保証人などによる保全に頼らざるを得ない可能性が高まります。また、借入れにより実現した設備などが不動産で担保適格であるなら、担保設定するのが原則です。これら保全について詳細な資料で確認することとなります。

（3）設備資金における審査の観点①
──運転資金と共通する観点

　成長企業から設備資金について申込みがあった場合、金融機関は以下の観点から審査します。

① 企業と市場の成長性、当該企業の市場におけるポジションの把握

＜運転資金の場合と共通＞

- 売上高の成長性（企業の成長トレンド）、市場そのものの成長性
- 企業の市場ポジション（シェアや競合企業などとの競争力）
- ビジネスモデル持続可能性（例：取扱商品が早々に陳腐化しない）
- 収益性改善の可能性、前提となる差別化が行われているかなど

＜設備投資で持続化・強化しようとする事業について＞

- 売上高の成長性（事業の成長トレンド）、市場そのものの成長性
- 事業の市場ポジション（シェアや競合企業等との競争力）
- ビジネスモデル持続可能性（例：取扱商品が早々に陳腐化しない）
- 収益性改善の可能性、前提となる差別化が行われているかなど

② 経営状態の把握

＜運転資金の場合と共通＞

- 顧客・取引先との関係性、従業員の姿勢
- 経営・事業運営能力（経営陣の経験・過去実績など）

第 4 章 元気な企業への対応

- リーダーシップ（経営戦略や事業計画、ビジョンの策定・推進）
- リスク対応力（市場・競争、経済変動に係るリスク把握状況や管理・対応態勢）

＜設備投資で持続化・強化しようとする事業について＞

- 融資先顧客が導入設備等による製品・サービス等を受け入れる可能性
- 従業員の対応能力・運営能力、育成計画等
- 生産力増強に対応できる営業力、差別化要因を含む競争戦略等
- マネジメント等の経営能力
- 事業計画、経営戦略・ビジョン等との整合性あるいは変更等の反映

③ 財務状況の確認

＜運転資金の場合と共通＞
（貸借対照表、損益計算書などの財務諸表、資金繰り表などから）

- 安全性・収益性・成長性・返済能力
- キャッシュフロー（例：波がありながらも予測できない変動は少ない）
- 資金の出入り把握をはじめとした財務マネジメント状況
- 財務諸表等の信頼性

＜設備資金の場合＞

- 設備の導入・維持に必要となる資金計画
- 増産などに係る製造原価（仕入資金・人件費など）、販売拡大に向けた販売管理費（宣伝広告費や保険料など）を賄った上での返済計画
- キャッシュフロー（例：トラブル等を想定した上で、それを乗り越えられる資金を確保している）

113

④ 返済能力の確認

＜運転資金の場合と共通＞

- 財務状況から導き出した返済能力
- 将来の売上・利益予測に基づく返済能力
- 提供される担保の価値や処分の容易さ、保証人の信用力や財務状況
- 過去の借入返済履歴
- 買掛けなどの信用取引や税金・社会保険等の支払状況

＜設備資金の場合＞

- 設備導入・維持、新たに必要となる運転資金等を踏まえた返済能力
- 借入により導入する設備等に係る担保価値や処分の容易さ
- 設備導入によるビジネスモデル等変化を踏まえたキャッシュフロー
 　　　（売掛金・買掛金の相手先・額、支払時期、信用力）

図表3 設備資金にかかる審査ポイント

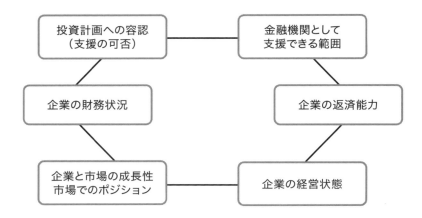

第4章 元気な企業への対応

（4）設備資金審査の観点②──設備資金独自の観点

　設備資金申込みの場合には、設備投資計画や新設設備を活用したビジネスの事業計画を精査して評価、それを金融機関として融資で支援できるか否かを判断します。

＜例：新工場開設プロジェクト計画について＞

- 目的（過大投資ではないか、トレンドを踏まえない投資ではないかなど）

- 実現性（建設作業を開始・継続して完成させられるか、設備などを購入・設置できるか、予算内に実現するか、法律的問題や住民からの反対はないかなど）

- 経済性（予算は妥当か、多少の追加支出が必要となっても許容し得る範囲内に収まるかなど）

- 収益性（適切な収益が見込めるかなど）

- リスク対応（設備投資の代表的リスク要因が挙げられ、予防策や対応策が講じられているかなど）

- 計画の作り込み（投資計画や収支計画のみならずプロジェクトに関するアクションプラン・組織計画などまで作成されているか、売上予測などについて地域別・部門別・製品別への展開などの納得できるデータが提供されているか、必要に応じてプロジェクトの進捗計画やマネジメント計画、あるいは製品販売拡大に向けた営業戦略・外部とのアライアンス戦略などが用意されているかなど）

- 過去実績（企業が過去に計画を立て取組み実現したか、あるいは計画は机の中に仕舞われて実行されることがなかったかなど）

115

（5）「計画は必要ない！」という声にどう対応するか？

　金融機関は計画を重視しますが、経営者は計画を立てるよりも手足を動かしたほうが良いと考える場合があります。本章の冒頭で登場したＰ社長のように、現実は計画通りにいかないものだから不要と考えている経営者もいます。

　以下で紹介する計画を立てる意味合いを伝え、時には支援して企業・経営者をサポートしたいものです。

㋐ 目標の明確化が実現する

　具体的な目標を計画で言語化することで、企業や事業の方向性や達成すべき業績のレベル、あるいはプロジェクトとして実現すべき内容の具体的姿が明確になります。

　プロジェクトや目標の実現には、直接的あるいは間接的に関与する社内メンバーが数多くいます。目標が明確化されることで、携わる全員が心を１つに、力を合わせることができます。

㋑ 資源確保・効率的配分につながる

　計画を立てることで、必要な資源を確保して効率的に配分することができます。また結果的に目標が達成できても、消費した資源が多すぎると失敗と判定せざるを得ない場合があり、その意味で経済性を測る基準となります。

　目標達成と経済性を両立させる成功を目指すなら、人員、資金、時間などの資源の必要量を見極めて準備、それらを過不足なく必要とす

第4章 元気な企業への対応

る箇所に配分することが不可欠です。それを可能にするのが計画です。

⑰ リスクの予測と管理

事業の遂行や経営戦略の実行、プロジェクトの実施などではさまざまなリスクが生じ、時には大きな影響を与えることがあります。計画を立てることで潜在的リスクを洗い出し、予防策を講じ、仮にリスクが顕在化した時には迅速に対応できるよう準備できます。

㋤ 進捗・成果のモニタリングと評価・管理

事業の遂行、経営戦略の実行あるいはプロジェクトの実施などでは時間が最大の資源と言えます。このため進捗の監視が重要で、里程標が必要になります。計画に里程標を示すことで微細な遅れや成果の不足等に気付き、早めに対処して適切に軌道修正ができるようになります。

㋡ コミュニケーションの促進

企業・事業が目指す方向性や期待する成果、戦略的に実現しようとする変化の姿、あるいはプロジェクトなどにより達成しようとする境地などは、計画として見える化されることで関係者に共有されます。これにより全員が共通の理解を持ち、協力して進めることができます。

また計画に記載された言葉が共通語となることで意思疎通が円滑になり、会議などでの報告や討議による情報交換がより正確なものになり、成果につながります。

117

㋕ 柔軟性の確保

　計画に基づいて設備投資などの経営行動をとる場合、一定以上の時間の経過により環境変化や自社の変化が生じて取組みを変更せざるを得なくなることが少なくありません。

　計画があれば柔軟に対応しても常に目指すべき目標を見失うことはありません。時には回り道をしたり、短期的視点だと逆行しているように見える措置も長期的視点では整合あるものとして受け入れられるようになり、打つ手が広がる可能性があります。

㋖ モチベーションの向上

　計画に期限と目標、もっと言えば中間目標を掲げることで「目標達成まであと少しだ、頑張ろう」とエネルギーを振り絞ることができるようになります。（中間）目標を達成することでチームや個人が達成感を抱けるようになり、次に向かってモチベーションを高めることができます。

（6）必要に応じて計画策定を支援する

　残念ながら、多くの経営者は計画策定に前向きではありません。しかしここであきらめてしまうと、企業・経営者にとっても金融機関にとっても失うものが多いのです。そのため、渉外担当者として、前向きではない経営者に対しては、以下のような形で計画策定を支援できる旨を提案しましょう。

㋐ 計画策定方法の教示

計画策定に経営者が難色を示す理由として「どんな計画書を策定すれば良いのかがわからない」ことが挙げられます。フォーマットを提供し、自行庫で経営者向けに「事業計画書の立て方」セミナーを行っている場合や、専門家を活用した相談会などがあれば紹介できます。地域の商工団体などが主催するセミナーや相談会を活用できるかもしれません。

㋑ 財務分析で用いるツールを示す

経営者の苦手分野として財務分析が挙げられます。ここで経済産業省が提供している「ローカルベンチマーク[※]」を活用できます。また自行庫で財務数値・指標値・トレンドなどをまとめた分析を行っている場合には、可能な範囲で提供する支援ができます。

㋒ 市場データ等の提供

経済動向や市場環境、業界トレンドや競合状況に関するデータを提供し、企業が市場分析を行う際の参考資料として活用してもらえます。

㋓ 書き込み度合いに関する意見

経営者の中には数値計画を策定したら計画はでき上がったと考え、全体的方向性（経営戦略）や現場での具体的な行動計画（アクション

[※] 通称：ロカベン。
https://www.meti.go.jp/policy/economy/keiei_innovation/sangyokinyu/locaben/

プラン）あるいは部署の割り当てや責任者についての計画（組織計画）
については定めない、あるいはシンプルすぎる計画を策定する場合が
あります。

　このような場合には、経営戦略やアクションプラン、組織計画ある
いはリスク計画までも策定するよう勧めることができます。会社のた
めにも、金融機関として事情を踏まえた意思決定を行うためにも、こ
れら計画を文書としてまとめたほうがメリットがあると説明しましょ
う。

㋘ 目標についての意見

　経営者が目標設定する場合、年３％あるいは５％など「穏当」と考
える成長率を想定する場合がありますが、その程度の目標では金融機
関として前向きになれない場合があります。

　例えば高額な設備投資の場合、年３％から５％程度の売上増では借
入返済に必要なキャッシュフローも利益も得られず、財務状況が悪化
し、金融機関としては支援ができなくなる、最悪の事態を想定しなけ
ればならない可能性もあります。このように投資と想定されるリター
ンのバランスが取れていない時は、計画を練り直すよう提案できます。
このような提案を行うと、経営者から返す刀で「成長率を高く設定す
ると現実味がないと判断されるのではないか」と反論されるかもしれ
ません。これには「根拠を示せば現実味のある計画とみなせる場合が
ある」と説明します。

　「競合に埋もれることがないユニークな製品を投入するための設備
投資である。生産面はもちろん販売面についても戦略策定、現場が拠

り所とするアクションプラン、組織計画等にまで展開した。成長率を
高く設定しているが、十分実現できる」などと、しっかり説明できる
計画であれば、金融機関は理解を示せる可能性があると伝えるのです。

㋒ 資金計画へのアドバイス

先に説明したように、設備投資は（企業の財務状況・体質や企業の
成長性などを総合的に判断した上で導き出される）一定額を超える
と、金融機関として容認し難くなります。過大投資が企業の財務状況
を悪化させる可能性があるなら、再検討するようアドバイスできるで
しょう。目的とする成果をあまり減じることなく支出総額を抑え込む
対策（新品ではなく中古品の購入、リースの活用、投資する予定の設
備で行う業務を外注化する）などを提案できるかもしれません。

また資金調達についても提案できます。補助金やベンチャーキャピ
タルによる出資が利用可能かもしれません。経営者が自己資本として
出資することにより資金調達と財務状況の両面で好影響を与えること
ができる旨を提案できるかもしれません。

㋕ 顧問税理士など支援者活用の勧め

事業計画を作り慣れている経営者であっても、資金繰り表まで作成
できることは稀なので、その場合は顧問税理士などの支援を受けるよ
う促します。依頼の場に渉外担当者も同席して趣旨を説明することも
できるでしょう。その際には、顧問税理士が計画書策定を丸ごと代行
する趣旨ではない旨も伝えるようにします。

最後に、上記㋐〜㋕は、決して、渉外担当者が企業に代わり、計画書策定を代行する趣旨ではないことに留意してください。もし計画策定を丸ごと代行したのでは、企業経営者は計画について責任を持つのは自分ではなく金融機関だと考えてしまうでしょう。それは企業・経営者が成長し、金融機関にとって信頼できる顧客となるチャンスを奪うものとなるので、避けなければなりません。

第4章 元気な企業への対応

3 人間的付き合い力を 向上させることも重要

　元気な企業への対応が、渉外担当者を、御用聞き営業から脱却させるのはなぜか──それは、元気な企業への運転資金や設備資金対応では「人間的な付き合い＝人間力」が必要となり、スキルが高度化するためです。

　元気な企業への対応は、御用聞き営業の場面よりもはるかに大きな人間力が必要になります。特に設備資金の場合、資金の使途や必要性等の理解は専門性の高さ等から金融機関にとってチャレンジとなります。

　経営者としては不要と考えていた計画・資料の提供を求めたり、経営者としては十分だと考えた内容に対して説明の補強を依頼したりすると、経営者のストレスも高まるでしょう。そのような状況で歩み寄りを引き出し、計画・資料の策定・提供・補強を求めるためには、渉外担当者自身が自分の人間力を高める必要があるのです。

　この人間力をどう高めていけばよいか、以下でヒントをご紹介します。

（1）人間力の向上は「好かれること」で測れる

　そもそも人間力とは、どのような意味でしょうか。多少の誤解を恐れずに言えば、経営者に「この担当者は好きだ」と思われることです。「この人は誠実な人で、我が社を支援してくれる大切な金融機関の担

123

当者なので、良好な人間関係を保とう」と考えてもらえるようにする
のです。

（2）好かれるためには、まず相手を理解する

　良好な人間関係を作るための出発点は、相手を理解することです。
例えば、第3章でご紹介したとおり、経営者の興味や考え方等を引き
出す質問をし、話をメモにまとめ、何度も目にして記憶することも有
効な方法の1つです。

　それに加えて心理学を活用して相手方の理解を深められるかもしれ
ません。

　例えば、MBTI（Myers-Briggs Type Indicator、マイヤーズ＝ブ
リッグス・タイプ指標）は外向型（Extraversion:E）か内向型（Intro
version:I）か、感覚型（Sensing:S）か直観型（Intuition:N）か、
思考型（Thinking:T）か感情型（Feeling:F）か、あるいは判断型
（Judging:J）か知覚型（Perceiving:P）かの4つの軸に基づき、16
タイプに分類して人の性格を把握しようとします。これを活用して経
営者のタイプを知ることで、コミュニケーションの改善につないでい
くのです。

（3）自分を「サポーター」と位置付ける

　渉外担当者には「中小企業・経営者のサポーター」として振る舞う
ことが勧められます。例えば資料の提供を求める場合なら金融機関と

して前向きになれる情報の提供を提案するとの動機で行うのです。

例えば経営者が消極的だった場合に「この経営者が行っている事業を発展させ、会社を盛り立てたい。そのためには金融機関として計画書は不可欠だ。両者の歯車がかみ合うように自分はこの経営者と金融機関の仲介役としてサポートしよう」と考えて、経営者が苦手とする計画策定をやり遂げるよう支援するのです。

場合によって企業は「金融機関に教える情報は制限したほうが良い。聞かれない限りは教える必要はないし、聞かれても最低限のことしか教えない」という方針を持つことがありますが、それは企業にとって不利に働く場合があると伝えることも大切です。

中小企業・経営者が他の事業上のビジネスパートナーや顧客などとの信頼・信用を大切にしているのと同様に、金融機関に対しても例えば提出した計画書に基づいて真摯に経営改善に努めるなど信頼・信用を築き上げることが結果的に中小企業・経営者にとって最善の道であると伝えましょう。

第 **5** 章

不調な企業への
事業性評価

近代銀行の
午後4時30分

・・・・・・・・ **月次会議を終えて席に着くAさんとB先輩** ・・・・・・・・

B先輩「Aさん、会議、お疲れ様でした。ただ、会議中、浮かない顔をしていたよね」

Aさん「は…はい。先ほどの会議で、現在、私が担当している先の融資案件について共有しましたが、私の支援の方向性と、支店長や次長が考える支援の方向性が違うような気がしまして…」

B先輩「確かに、先ほどのAさんの発言について、たしか『事業性評価への知識がまだ十分ではない』と言われたんだよね」

Aさん「はい」――と言いながらAさんは先ほどの会議での自分のプレゼンについて改めて振り返りました。

第5章 不調な企業への事業性評価

・・・・・・・・・・ 1時間前に行われた月次会議 ・・・・・・・・・・

Aさん「私が担当している3件の担当先について、業績悪化と担
保不足が懸念されますが、事業性評価で対応したいと…」

Q支店長「どんな案件か、概要を説明してください」

Aさん「第1は我が地区を代表するビジネスホテルX社です。以
前はミドルクラスのビジネスホテルとして名を馳せました
が、最近は全国チェーンのホテルに押され気味です。度重
なる設備投資にかかる借入負担に喘いでいる側面もありま
す。しかし、当地の名を冠するホテルですから、見捨てる
訳にはいきません」

R次長「名前だけでは支援できないよ。私たちが支援する理由は
何かな?」

Aさん「薄利多売な状況で、飛躍的な成長も望めません。しかし、
このビジネスホテルが特に劣悪ではなく、統計を見ると独
立系ホテルは皆、同様です。当社は、まだ良いほうです」

Q支店長「次の案件は?」

Aさん「知財の蓄積に熱心なパン製造・小売企業Y社です。新製
品に斬新なネーミングをして、積極的に商標登録していま
す。社長室に登録証が掲げられていて、既に5つの商標を
登録しています」

R次長「その商標は売上拡大に貢献しているのかな?」

129

近代銀行の 午後4時30分

Aさん「まだ、それほどの影響はないようです。商標登録が10を超えたら効果が出始めるのではないかと、社長は話していました」

Q支店長「最後の案件は？」

Aさん「零細な金属加工業者Z社です。以前は自動車産業をはじめとしたサプライチェーンで縁の下の力持ちとなっていました。しかし、大手が生産を国内から海外にシフトして以来、ジリ貧状態が続いています。ここ数年は債務超過になっています」

R次長「有効な打開策を持っているのか？」

Aさん「実はまだです。しかし、戦後から地元でずっと頑張ってきた企業です。見放す訳にはいかないと思います。ただ、財務諸表をもとにしたスコアリング分析では支援は難しいと出てしまっています。ですから、何とか事業性評価を通して支援ができないかと考えています」

Q支店長「事業性評価か。ただ、3社とも業績は落ちており、最後のZ社は債務超過なんだろう。Aさんは事業性評価というけど、具体的にどのように進めるつもりなのかな？」

Aさん「そ…それは。ただ業績も悪化しており、担保となる資産を持たない中では、勇気を出して事業性評価に取り組むことが必要ではないかと考えています」

Q支店長「なるほどね。よくわかった。ただAさんは事業性評価に
　　　　ついてもう少し正しい知識が必要かもね。Bさん、会議後、
　　　　Aさんに少し教えてあげてくれないか」
　B先輩「はい」

──先ほどの会議を思い出しながらAさんは…。
　Aさん「B先輩、私の事業性評価への理解について何が誤ってい
　　　　るのでしょうか」
　B先輩「Aさんは事業性評価を、『担保がない業績悪化先に対し
　　　　て、リスクをとって融資を行うための手法』と考えている節
　　　　があるね」
　Aさん「え、違うんですか？　ウチの銀行のトップも『リスクを取っ
　　　　て顧客を支援しよう』と言っているのに…」
　B先輩「Aさんは、リスクという言葉の意味を、もう少し考えてみ
　　　　る必要がありそうだね。事業性評価やリスクとは──」

──B先輩の答えとは…

1 事業性評価とは何か

　御用聞き営業を会得し、元気な企業への対応力も身につけた渉外担当者が次に直面するチャレンジは、「不調な企業への対応」です。

　本章では特に「事業性評価」について解説します。事業性評価への対応は、御用聞き営業や元気な企業への対応とは質的に異なるので「渉外成熟度モデル」では、第3段階として位置付けられています。

（1）不調な企業に対する支援の基本

　まず、不調な企業から融資の相談や打診があった場合、金融機関が事業性評価によって対応するか否か、第一次的に選別するのは渉外担当者だと言っても過言ではありません。

　例えば、少ないながらも黒字を出したものの、多額な債務超過を抱える企業から融資の申込みがあったとしましょう。この企業が、金融機関にとって「事業性評価を行い支援したい」と考える先であっても、そもそも現場の渉外担当者が「この企業を支援したい」と進言しなければ、支援の道が開かれない可能性があるのです。

　一方で、最終的に金融機関が「この企業には抜本的な経営支援が必要だ」と考えるような企業について、渉外担当者が「事業性評価融資により支援したい」と進言した場合にも問題が生じる可能性があります。担当者が前のめりになって必要な調査を端折ったまま稟議をあげてしまうと、乏しい根拠をもとに審査してしまう可能性があるからです。

　このような事情から、渉外担当者が事業性評価について適切に理解

第5章 | 不調な企業への事業性評価

し、金融機関の考え方と歩調を合わせることは非常に大切なことなのです。

まずは積極的な意欲を持って案件に対応、企業からの情報や質問への回答などをよく吟味し、個別案件審査の結果や審査過程で出された質問や意見等、そして「自行庫の貸せる原理」にも想いを馳せるなどして、事業性評価について適切な判断ができるよう工夫することが、渉外担当者の成長につながります。

（2）事業性評価とリスクの関係

ここで事業性評価や「リスクを取る」という言葉の意味を、考えてみましょう。多くの人がリスクを「危険を冒す」という意味で捉えているものと考えられます。「失敗に終わる可能性が高くても、敢えて試してみる」との意味合いです。

リスクについて例でもって考えましょう。いま1年後に全額貸し倒れる確率（リスク）が2分の1の案件があるとしましょう。1年後に50％の確率で貸し倒れるということです。この融資を収支トントンにするには、単純に考えて50％の利息が必要になります。

逆に言うと、ある金融機関の利息率が平均で2％だとすると1年後に全額貸し倒れる確率（リスク）が2％に達すると収益は全て吹き飛び、その間のコスト負担だけが残ってしまいます。

こうして考えると、「リスクを取る」という言葉は「貸し倒れる可

133

能性が高い案件に、あえて融資する」という意味にはなり得ません。

　では、『事業性評価によりリスクを取る』という言葉は、どのような意味なのでしょうか。図表1の融資調査・審査の4象限図から考えてみましょう。

　金融機関は通常、財務スコアリングによる格付・審査はもちろん、それ以外の詳細な調査・審査においても基準値を上回る企業に融資を行っています（図表1の象限A）。

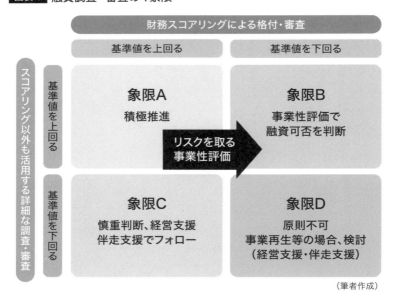

図表1　融資調査・審査の4象限

（筆者作成）

第 5 章 不調な企業への事業性評価

　また、財務スコアリングによる格付・審査では基準値を下回る場合でも、それ以外の詳細な調査・審査では基準値を上回るなら、融資可能と判断できる可能性があります（**図表 1 の象限 B**）。

　そして、財務スコアリングによる格付・審査で基準値を下回り、それ以外の詳細な調査・審査でも基準値を下回ると判断される場合には、金融支援は馴染まないと考えられます（**図表 1 の象限 D**）。金融機関としては、公的機関の活用も含めて、抜本的な経営支援・伴走支援を考える可能性があります。

　この中で、渉外担当者が取り組む事業性評価とは、象限 B にある企業について、融資が可能かを探り、評価につなげることと言えます。

　象限 A はもともと不良債権を回避する方法論として、金融検査マニュアルによって設定されました。金融検査マニュアルが定められたのは平成 11 年、不良債権問題で北海道拓殖銀行や山一証券が破たんした直後のことです。実際、金融検査マニュアルによって定められた「財務スコアリングによる格付・審査手法」の導入により不良債権問題は急速に鎮静化しました。情報を限定的に用いつつ保守的な姿勢で評価する、リスクを取らない審査方法であったと言えるでしょう。

　一方で、財務スコアリングによる評価は十分ではないものの、広く情報を集め、起業や事業環境にマッチした審査が行われたら融資が受けられる可能性がある層の存在も指摘されました。それが象限 B にある企業です。

135

渉外担当者が取り組むべき事業性評価とは、財務スコアリングによる格付・審査では融資不可との判定が出てしまうものの、それ以外の情報、例えば財務スコアリングでは考慮されない定量情報や、数字には現れない定性情報まで加味して評価すると、金融機関の融資基準を上回るリスク水準だと判断できる企業については、融資機会を広げる営業手法のことなのです。

　「倒産の可能性が高い企業にリスクをとって融資する」のではなく、「実態としては金融機関が融資できる企業に対して企業評価を引き上げる手法」だと言えます。

（3）基準を上回るリスク水準まで引き上げる　　　事業性評価の具体例

　では、図表１の象限Ｂにある企業を、どのような形で事業性評価すれば、リスクを取り融資できるようになるのでしょうか。

　これについては、2022年春に創設された信用保証協会の伴走支援型特別保証（2024年6月をもって終了）で提示された構図が参考になります。**図表２**は事業性評価の全体構造を、伴走支援型特別保証を踏まえて筆者がまとめた図です。

　伴走支援型特別保証は、財務スコアリングによる格付・審査手法では融資（信用保証付の融資を含む）が難しいと判断される企業について、融資支援を行うための制度だと解釈できます。そこで示された保証要件などから、金融機関がどのような事業性評価を行うことが期待

第5章　不調な企業への事業性評価

図表2 伴走支援型特別保証を踏まえた事業性評価の全体構造

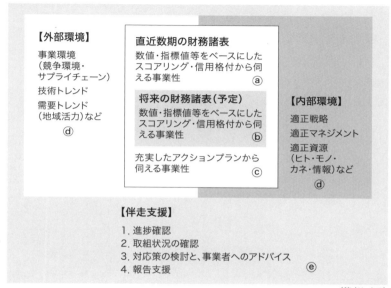

(筆者による)

されているか、推察できると考えられるのです。

　事業性はまず、直近数期の財務諸表に掲載された数値・指標値・トレンドなどから検討することになります。実務では、財務スコアリングによる格付・審査手法（後述する図表3で解説）により（金融検査マニュアル廃止後も、これにのっとった運用を行うことが許されている）事業性を把握することになるでしょう（図表2－ⓐ）。

　図表2－ⓐに該当しなかった申込企業に対して融資の途を探ることが、ここでいう事業性評価です。伴走支援型特別保証では、そのために経営行動計画の策定が求められており、そこで売上・利益などにつ

いて将来３年、あるいはそれ以上の期間にわたって数値計画を策定するように求めています。

　将来の財務状況（数値・指標値・トレンド）などからも事業性をうかがおうとする姿勢だと考えられます（図表２－ⓑ）。これは、実現可能性の高い抜本的な経営再建計画（実抜計画）や、合理的かつ実現可能性の高い経営改善計画（合実計画）に基づいてリスケジュールが行われた実績を踏まえてのことと推察されます。

　また、経営行動計画にはアクションプランも掲載することになっており、「充実したアクションプランからうかがえる事業性」をすくい取る姿勢だと感じられます（図表２－ⓒ）。この部分は、実抜計画や合実計画においては形式だけが問われてしまい企業の状況改善という本来のゴールにつながらなかったとの批判があったので、それに対応するものとして設けられたと考えられます。

　さらに、「外部環境や内部環境に関する分析」をもって経営行動計画に盛り込まれる数値計画やアクションプランの有効性を補強する構造になっています（図表２－ⓓ）。

　加えて伴走支援型特別保証では、金融機関による伴走支援も要件となっていました（図表２－ⓔ）。文書化された計画からうかがえる事業性を見ただけでは把握しきれないリスクが潜む可能性がある企業については、金融機関が伴走支援することで計画実行のモチベーションを高め、困難にあっても取組みを続けるよう励ますことで、事業性把

握の確実性を高めようとしたものと考えられます。

　以上が伴走支援型特別保証からうかがえる「事業性評価の全体構造」で、事業性評価のフル装備対応とも言えるでしょう。それ以上の対応が必要な場合には、金融機関が単独で事業性評価して伴走支援型特別保証（現在では経営改善サポート保証）を活用して金融支援するのではなく、中小企業活性化協議会などを活用した再生支援で対応することが想定されていると考えられます。

（4）事業性評価の類型

　前節で、伴走支援型特別保証で示された事業性評価について説明しました。一方で、図表１の象限Ｂに該当する企業に事業性評価を行うにあたり、伴走支援型特別保証で示されたフル装備対応（図表２—ⓐ〜ⓔまでの対応）が必要とは限りません。

　では、どのように考えていけばよいのか。筆者は、**図表３**のように、事業性評価を「隠れた事業性の評価」「秘めた事業性の評価」「事業性強化の評価」「事業性実現の評価」の４段階に整理しています。

⑦ 隠れた事業性の評価

　財務スコアリングによる格付・審査では融資は不可という判断となるものの、その程度が軽微な企業については、隠れた事業性の評価が有効です。「その程度が軽微な企業」とは、災害や事故などにより一時的に業績が悪化、直近の決算でのスコアが低迷して、正常先の下位あるいは要注意先の上位に下方遷移してしまった企業などです。

図表3 事業性評価の類型

企業レベル	説明資料内容	事業性評価類型
現状、既に容認できるリスク	「財政スコアリングによる格付・審査手法」にない着眼点による定量評価などで企業が既に持つ事業性を説明	隠れた事業性の評価
格付けを上位に修正できる事情あり	「財政スコアリングによる格付・審査手法」にない着眼点による定量評価・定性評価等から事業性を説明しつつ、それが表出できない一時的要因等を消除すれば現れると説明	秘めた事業性の評価
上位に遷移すると期待できる事情あり	イノベーティブな戦略を含む収益性・体質改善の蓋然性が高い事業計画書等を示しながら、企業の潜在能力等が発露された場合に強化される事業性を説明	事業性強化の評価
	収益性・体質改善の蓋然性が高い事業計画書などが順調に進捗している、もしくは専門家の継続支援などにより順調に進捗すると見込めると示しながら、将来に実現する事業性を説明	事業性実現の評価

　このような企業は、実績内の折返し融資では現場判断による対応も可能かもしれませんが、再起を期して従前の実績を超える融資が申し込まれた場合などには対応困難との判断に至ってしまう可能性が考えられます。

　このような場合に金融機関としてはどのように考えるでしょうか。「軽微な災害や事故等が原因である」あるいは「下方遷移したとしても正常先の下位あるいは要注意先の上位に留まっている」ことだけを理由に「問題なし、融資可能」と判断することはできないでしょう。その後に下方遷移を続けて重大な事態に至る企業もあるからです。

第5章　不調な企業への事業性評価

　一方で、「災害による生産設備などの復旧を果たしており操業を再開している」「生産高のトレンドや売上高総利益率（粗利率）の向上から、生産力の順調な回復が確認できる」といった状況なら、当該企業について「容認できるリスクであることを認める事業性評価」が行えるかもしれません。信用格付にはない着眼点による定量評価などを活用し、企業がすでに持っている事業性が実現しつつあると評価することを、第7章で紹介する事業性評価支援士協会では「隠れた事業性の評価」と称しています。

㋑ 秘めた事業性の評価

　財務スコアリングによる格付・審査では融資は不可能だとの判断となる企業の中には、企業の傷みがもう少し進んでしまった企業があります。何らかの原因で業況が低調になった後、何年も抜け出すことができず、要注意先の上位から中位にまで下方遷移してしまった企業が該当します。

　この状況になると、金融機関としては融資という支援を行うことに困難を感じるのが普通です。

　しかしこのような状況にありながらも現状から脱するために懸命の営業努力・生産力増強、新商品開発の努力を行う企業があります。

　このような場合に金融機関としてはどのように考えるでしょうか。「事業改善に取り組んでいる」という言葉を聞いただけで融資可能と判断することはできないでしょう。そう発言する企業の多くが、期待する成果をあげることなく結局は努力を断念してしまうことを、金融機関は知っているからです。

141

ただし、数年にわたって苦しめられた障害を、合理的な対策、あるいは回避策や転向策で取り除き、成果が出始めている企業なら、融資できる可能性は高まります。

　例えばある製造業企業は、売上低迷の理由がベテラン営業担当者の定年退職による営業力不足だと考えて、営業担当者を増やしましたが、実際には売上を伸ばすことができませんでした。

　その理由を精査すると、売上が低迷していた期間中に海外研修生が任期満了により入れ替わり、近年入社した研修生は十分な対応力を身につけていないことが判明したのです。ベテラン営業担当者の定年退職だけが原因ではなかったわけです。

　このため従前から行っていた研修やトレーニングに加え、繁忙期を知る自社従業員によるＯＪＴを実施することで、増大した需要に適切に対応できるようにしました。金融機関は、その成果を試算表で確認することで、事業性を認め、融資に踏み切れたのです。

　このように、成果に結びついていない要因を明らかにし、それを除去すれば事業性が現れると評価することを、事業性評価支援士協会では「秘めた事業性の評価」と称しています。

⑰事業性強化の評価

　財務スコアリングによる格付・審査によると融資は不可能だと判断される企業の中には、傷みがかなり進んでしまい要注意先の中位から下位（要管理先）にまで下方遷移してしまう企業があります。このような企業については、金融機関が融資支援困難だと感じても不思議で

はありません。

　こうした状況から脱するためには、通常の営業努力や生産力増強努力では足らず、抜本的な対応が必要でしょう。新商品開発・新分野進出・事業転換などのイノベーティブな戦略を策定する企業もあります。

　ただ、企業から「新商品開発・新分野進出・事業転換等の抜本的かつイノベーティブな対応を計画した」という言葉を聞いただけでは、金融機関が融資可能と判断することは難しいと言えます。そう発言する企業の多くが、融資を受けるために形だけの計画を策定し、融資を受けた後は計画書をしまい込んで、実行に移さないケースがあるからです。

　一方で、イノベーティブな戦略を社内で協議して実行への同意を得られたアクションプランを取りまとめ、しっかり考慮された事業計画の提出があれば、金融機関は融資に前向きになれるかもしれません。例えば、事業所向けに水質改善用オリジナル製品（耐久消費財）を販売する小売業者は、かつては売上・利益が好調でしたが、その後に台頭した競合製品により顧客がじわじわと離れてしまい、長期間にわたって凋落の一途をたどっていました。その結果、看過できない債務超過に至ってしまっていたのです。

　そこでこの企業は、事業転換を計画。従来の耐久消費財では水を大量に消費する飲食業や一部の製造業しか顧客対象になりませんでしたが、良質の水を必要な量だけ提供することで、今までは良さを認めながらも器具の導入には慎重だった産業まで顧客層を大きく広げられるチャンスを掴んだのです。

また、製造卸のポジションに立つことで、大ロット・高付加価値での販売が可能になり、今後に売上・利益を改善して財務基盤を強化できる見込みが立ったのです。

　金融機関は、以上の事業転換に係る詳細な計画（図表２の＠〜ⓓを含む計画）を受け取り、一部については実行済みであるとの報告を受け取ることで、事業性を評価した融資が可能になりました。

　このように、イノベーティブな戦略で収益性や経営体質を改善できる蓋然性が高い事業計画をもとに、企業の潜在能力が発露された場合に強化される事業性を評価することを、事業性評価支援士協会では「事業性強化の評価」と称しています。

ⓔ 事業性実現の評価

　財務スコアリングによる格付・審査手法によると融資は不可能だとの判断となる企業の中には、企業の傷みがかなり進んでしまい要注意先の中位から下位（要管理先）、もしくは破たん懸念先にまで下方遷移してしまった企業があります。このような企業については、金融機関が融資支援は不可能に近いと感じたとしても不思議ではありません。

　一方でこれらの企業が支援を受けられないと、産業やサプライチェーン、地域がますます衰退してしまうことになります。その中で懸命の持続化を目指す企業があれば、地域金融機関としても支援の手を差し伸べたいところです。

　もちろん、これまでの長期間にわたる趨勢から反転し、業績を上昇気流に乗せることは難しく、たとえよく考えられた事業計画が策定されたとしても、実行に必要な人的資源や物的資源にも事欠く状況にあ

144

るので、成果につながらない可能性は高いでしょう。

　それでも、当該計画を実行に移し、わずかながらも努力の結果として成果が出始めていることが財務的定量要因から確認でき、金融機関による伴走支援でそれが継続すると合理的に期待できる場合には、融資することができるかもしれません。これこそ、図表２—ⓐ〜ⓔで示した「事業性評価のフル装備対応」です。

　構造不況や地域の衰退等のトレンドに飲み込まれそうになりつつも、地域やサプライチェーンにとってなくてはならない重要な環となっており、持続化に向けて強い意志がある企業があります。これら企業は金融機関からの継続的な支援を受けることで地域やサプライチェーンにとって不可欠な環として機能できるかもしれません。

　地域の中小企業活性化協議会等の主導による金融コンソーシアムを組織して取り組むほどではなく、金融機関単独で支援できる場合の事業性評価を、事業性評価支援士協会では、「事業性実現の評価」と呼んでいます。

　前節でご説明した伴走支援型特別保証は、まさに金融機関に「事業性実現の評価」を行うよう促す制度であったと言えます。

2 事業性評価の融資稟議

（1）資料などをもとに事業性を読み取る

　渉外担当者の中には、事業性評価は金融機関が手元にある資料をもとに行う取組み（事業性評価シートへの記入）だと考えている担当者もいることでしょう。隠れた事業性の評価は、その手法でもって実行できる可能性があります。

　一方で、秘めた事業性の評価や事業性強化の評価、事業性実現の評価の場合には、企業が行う、あるいは行おうとする取組みなどを詳細に知ることが必要なので、企業に対して追加資料の提出を求めることになると考えられます。

　より多くの、適切な情報を得ることが、的確な事業性評価につながるのです。適切な資料が入手できなければ事業性評価が失敗する可能性が高まってしまいます（ここでいう事業性評価の失敗とは、「本来、事業性評価できる案件なのに、できないと判断してしまう」あるいは「本来、事業性評価できない案件なのに、できると判断してしまう」ことを意味しています）。

　そこで渉外担当者が事業性評価に取り組むために、企業・経営者にどのような資料を求めるか、そこから何を読み取るかを紹介していきます。

第 5 章 不調な企業への事業性評価

（2）どのような資料が必要となるのか

　具体的に、どのような資料が必要となるのか、隠れた事業性の評価を行う場合、秘めた事業性の評価を行う場合、事業性強化の評価を行う場合、事業性実現の評価を行う場合に分けて、以下にまとめました。

＜隠れた事業性の評価を行う場合＞

以下の資料から事業性の存在を読み取る

- 決算報告書（税務申告書ではなく、一例として業績（財務諸表）の背景となる企業の取組みや事業環境などを説明した上で、来期の取組みを説明する資料）
- 事業概況報告書（決算期からしばらく経過した時点において、現時点での業績と、その背景となる企業の取組みや事業環境などを説明した上で、今後の取組みを説明する資料）、
- 取組みや成果などに関する簡単なメモ（軽微な説明で良い場合）

＜秘めた事業性の評価を行う場合＞

以下の資料から事業性の存在と発露する方法論を読み取る

- 隠れた事業性評価を行う場合の必要書類と同様。

＜事業性強化の評価を行う場合＞

以下の資料から、現在に事業性の芽があることとそれを実現していく方

147

法論を読み取る

● 事業計画書

＜事業性実現の評価を行う場合＞

以下の資料から、事業性の芽があること及びそれを実現していく方法論、実行結果としての実績を読み取る。加えて、金融機関による伴走支援で、努力が継続され、期待する成果があげられる可能性が高いことを読み取る

● 事業計画書

（2）事業性の判定方法

　資料を入手し、情報を読み取ると次が「事業性の判定」です。事業性評価で最大のポイントとなります。

　以下では、事業性評価支援士協会が考える事業性の判定方法を挙げてみます。

㋐「隠れた事業性」判定の例

　財務スコアリングによる格付・審査で評価すると融資可能とのスコアは得られない企業については、財務スコアリングによる格付・審査で用いる数値以外の定量分析などを行うことで、正常先と同様のリスク水準であるかを確認します。具体例を挙げましょう。

経常利益では秀でた数値・指標値を出せていない企業があります。その理由が、過去に失敗してしまった新規事業に係る負債の利息負担が重いことであり、実は売上高総利益率（粗利率）や営業利益率（財務スコアリングによる格付・審査手法では用いない定量分析）は同業他社とそん色なく、むしろ上回るレベルであるとしましょう。

この場合、経常利益率を用いる財務スコアリングによる格付・審査では評価は高くありませんが、その代わりに売上高総利益率や営業利益率を用いると、評点が高く出ます。売上高総利益率や営業利益率が高いことを事業性評価とし、融資支援することが考えられます。

㋑「秘めた事業性」の判定方法

隠れた事業性評価でも事業性を認められなくても、その原因が一時的な要因で、企業は既に対策を策定・実施しており、回復基調にある場合、これを踏まえて正常先と同様のリスク水準であることを確認できれば融資が可能となります。

例えば、急激な売上・利益の低下が見られたものの、その理由は当該企業のトップ営業担当者が事故により入院したからで、現状では復帰して元気に営業を行っているとしましょう。その効果を残高試算表の売上・利益から確認し（これらは、財務スコアリングによる格付・審査では用いない定量分析）、さらに顧客への訪問件数や成約件数も従前以上であること、加えて営業担当者に事故や病気があっても営業が滞ることのないように営業体制を整えていること（これらは、財務スコアリングによる格付・審査手法では用いない定性分析）を確認で

きれば、「秘めた事業性」があると判断できる可能性があります。

⑦「事業性強化」の判定方法

　隠れた事業性評価、および秘めた事業性評価でも事業性を認められなかった企業については、提出された事業計画から以下をチェックし、一定期間後には正常先と同様のリスク水準に達成できる蓋然性が十分にあるか確認します。これが「事業性強化の判定」となります。

　事業性強化の判定を行うための、事業計画のチェックポイントは以下の通りです。

＜事業計画の構成・内容＞

・将来における事業性確認に必要な項目（**図表4**）を網羅していて、必要な情報が提供されており、過大計上等も見られず、信頼に足る内容であることを確認します。

図表4 事業計画に盛り込むべき項目

- 現状分析、経営課題の明確化
- 課題解決の方向性・戦略、アクションプラン
- 企業の現状を打破できるイノベーティブな事業戦略
- 売上・製造原価・経費・利益等に係る数値計画
- 資金繰り表
- 金融機関に期待する支援内容など

第5章 不調な企業への事業性評価

＜数値計画の目標＞

- 計画期間（3年〜5年あるいはそれ以上）内に正常先に上位遷移・あるいは計画期間内に要注意先まで上位遷移、その後も経営努力を続けて正常先にまで上位遷移する見込みであることを確認します。
- 全体的計数からすると従前の動向等から実現が難しいと考えられる場合には、部門別・顧客別・製品別などに分解されると実現可能と考え得る目標値となっているなどを確認します。

＜数値計画を実現できる合理的な事業戦略・アクションプラン＞

- 数値計画が実現されると納得できるイノベーティブな事業戦略が策定されているかを、企業の内部環境分析・外部環境分析から確認します（例：企業の強みを活かし事業環境における機会に乗じる事業戦略は合理的であると判断できる）。
- 事業戦略を実行して数値目標を達成できるアクションプランが策定されているかを確認します（例：これまで長い間新規の顧客を獲得できなかった企業が「目標達成のために新規顧客開拓を行う」とのアクションプランを描いた場合に、顧客候補との関係性構築方法やアプローチの方法、実行者、責任者、達成できなかった場合のリカバリー策などまで書き込んだアクションプランを描いている場合には蓋然性が十分と判断できる）。

上記をもとに計画終期に実現されると期待される数値・指標値から導いたスコアを採用することで、事業性を評価します。

㊄「事業性実現」の判定方法

　隠れた事業性評価および秘めた事業性評価では事業性を認められず、イノベーティブな事業戦略を含む事業計画を策定できなかった企業については、提出された事業計画から以下をチェックすること、そして金融機関（または企業自身が委嘱する専門家など）による伴走支援を前提に、企業が一定期間後には正常先と同様のリスク水準に達成できる蓋然性が十分にあるかを確認します。

<計画審査の着眼点>

- 事業計画の項目（図表4に挙げた項目）について、事業性強化の評価と同じ着眼点による確認を行います。
- 図表5の項目について、信頼に足る内容であることを確認します。

図表5 事業計画に盛り込むべき項目（事業性実現の場合）

- 計画遂行の支援者（伴走支援者）の存在及び、その効果（経営改善努力が継続されること）

- 案件審査時での進捗
  例えば事業計画アクションプランで挙げられた項目について短期間で達成するよう促し、首尾を確認する（例：売上拡大のため年間5件の新規顧客開拓をアクションプランに盛り込んでいた企業に、計画策定後3カ月以内（審査期間中）に2件の新規開拓を達成するよう求め、実現を確認する）

　以上をもとに計画終期に実現されると期待される数値・指標値から導いたスコアを採用することに合理性があるか確認して、事業性を評価します。

第5章 不調な企業への事業性評価

3 事業性評価を プロアクティブに提案する

　2024年2月に金融庁は「中小・地域金融機関向けの総合的な監督指針」の改正を発表、そこでは「一歩先を見据えた早め早めの対応の促進」が、第1の柱として挙げられていました。

　金融機関は、企業に「資金」という血液を補給することが仕事です。これまでは企業側から申し込まれた場合に審査をして、可能なら資金支援する流れとなっていました。特に中小企業の場合は、資金が底を尽きそうになったタイミングで融資を申し込むことが多かったと言えます。しかし、この段階では、企業の業況悪化が進んでおり、結果的に金融機関の融資審査が長期化してしまい、中小企業の経営者も不満を抱えるという結果になっていました。

　この状況を回避するには、次の資金調達に向けて十分な時間があるうちに事業計画を策定するよう、金融機関のほうから積極的に、つまりプロアクティブに提案していくことが大切だと思われます。これが、前述した監督指針が示す「早め早めの対応」の1つの形だと考えられます。

（1）誰に、何を、どのタイミングで提案・依頼するか

　早めの対応を行うためのポイントは、誰に、何を、どのタイミングで提案・依頼するかです。具体的には、プロアクティブするターゲットを次のように分けて、それぞれアプローチすることをお勧めします。

153

対象①

正常先（今後も正常先として支援が継続できる先）

　資金を必要とするタイミングの数カ月前に申し込んでもらえたら問題なく対応できると考えられます（金融機関からの提案・依頼の必要はありません）。

対象②

正常先には格付けされず要注意先となるが、「隠れた事業性の評価」あるいは「秘めた事業性の評価」により対応できると考えられる先

　事業性評価を行うためにヒアリングを行ったり、現在の取組みをメモ書き、あるいは事業概況報告書等として取りまとめるよう依頼することになるでしょう。その時間を見越してもらう必要があります。以前の申込タイミングよりも前倒しで申込を行ってもらうよう提案し、事業性評価のためにヒアリングや資料の提出を求めることになると、予定を立ててもらうのです。

対象③

企業の財務状況におけるダメージが深刻で「事業性強化の評価」あるいは「事業性実現の評価」が必要と考えられる先

　事業計画の策定が必要になるので、それを見越して申込みを行うよう依頼します。策定しなければならない計画の内容や企業の対応能力などにもよりますが、資金が必要となる数カ月前、内容によっては半年かそれ以上前に、資金調達に向けた相談を始めるよう提案するのが

第5章　不調な企業への事業性評価

無難だと考えられます。

対象④

現在では正常先あるいは信用保証が利用できれば問題なく対応できる先だが、近年は赤字傾向が続いて資金の流出が激しいため、資金調達のタイミングでは債務超過等に陥いるなど格付の下方遷移が予想される先

　例えば、直近決算書を徴求したところ連続赤字から脱していない企業などには、現在は正常先であっても、資金繰り表を依頼して資金調達が必要になるタイミングを特定、事業性評価が必要となると予想されるならスケジュールを対象②あるいは対象③と同様に前倒しで考えるよう依頼するのがよいでしょう。

（2）プロアクティブな提案をするには 事業性評価に精通しておく

　上記対象①〜④にプロアクティブな提案ができるようになるには、渉外担当者が事業性評価に精通していることがポイントになることが理解できるでしょう。

　財務スコアリングによる格付・審査では融資が難しいという判断が出てしまう企業について、「この企業は事業性評価で支援できる企業」「あの企業は抜本的な経営支援を模索すべき企業」といった形でイメージできるようになっていると、企業のメリットも絶大です。事業性評価を活用し、支援できる企業を掘り起こす渉外担当者になれれば、大きくステップアップしたと言えるでしょう。

155

第 **6** 章

伴走支援・経営支援

近代銀行の 午後5時30分

B先輩 「どうしたのAさん、思い詰めているように見えるけれど。困ったことがあれば何でも言ってよ、相談に乗るから」

Aさん 「B先輩、いつも気にかけてくれてありがとうございます。でも、今度という今度はダメだと思います。」

B先輩 「かなり深刻な状況なんだね、何があったの?」

Aさん 「最近、担当するS社について伴走支援を行っているのですが、自分では工夫しながら対応していたと思っていたのに、T社長からやんわりと交代を求められているのです」

B先輩 「確かにそれは心配だね。いつもどんな伴走支援をしているの?」

──AさんはS社への伴走支援について説明を始めました

第 6 章 ｜ 伴走支援・経営支援

T社長 「―というわけで先月の業況報告は以上です。経営改善計画
書に定めた目標は今月も達成できていませんが、赤字は拡
大していません。取組みが進まないのは欠員が出ているか
らで、人手不足のこのご時世では致し方なく、しばらく様子
を見るしかありません」

Aさん 「社長、目標を達成していないのに問題意識を持たないのは
危険です。まずは、社長が問題意識を持たなければ何も始
まりません★」

T社長 「問題意識は持っています。しかし、持ったからといって欠
員を補充できないのだから仕方ないでしょ。それなのに問
題意識を振りかざして従業員と接していたら、関係が悪化し
て協力が得られなくなってしまいます」

Aさん 「社長は毎回、そのようにおっしゃいますよね。しかし今、
必要なのは欠員の補充ではなく、社長の意識転換です」

T社長 「Aさんはいつもそうおっしゃいますが、欠員が出ていては
どうしようもないのです。ここ最近は、Aさんではなく他の
方だったら、話しが前に進むのではないかと感じたりもしま
す」

Aさん 「社長、誰に代わっても正解は変わりません。思い切って考え
方を切り替えてください」

★をつけたAさんのトークについて適切な誘導トークを173ページに掲載

159

近代銀行の
午後5時30分

B先輩「なるほど、そんな展開だったのだね。」

Aさん「B先輩は、欠員補充が先か、社長の意識改革が先なのか、どちらが正解だと思いますか」

B先輩「その点で言うと、社長の意識転換が先だと思う。だからAさんは間違っていないと思うけど、『伴走支援』というテーマで考えると、Aさんは間違っていると思う」

Aさん「そ…そんな」

B先輩「いいかい、私たち金融機関の目的は、S社が上手く立ち直ることだ。そして、今回、それを実現するには、まずAさんが効果的な伴走支援とは何かを知って実践することだと私は思うよ」

Aさん「でもB先輩、私は伴走支援として、㋐進捗確認、㋑取組み状況の確認、㋒対応策の検討と事業者へのアドバイス、そして④報告支援を実直に進めています。間違っていますかね?」

B先輩「いや、Aさんがいま話した伴走支援の構成は間違っていない。だけど、そのプロセスを『何の目的で』『どのように進めていくのか』に誤解があると思う」

Aさん「B先輩、伴走支援の目的や進め方について教えてください」

──B先輩の答えとは…。

第6章 伴走支援・経営支援

1 伴走支援とは何か

　事業性評価により不調な企業への対応力も身につけた渉外担当者が次に直面するチャレンジは、伴走支援及び経営支援です。

　伴走支援・経営支援は「営業活動ではない」という意味で、これまでの取組みとは全く異質と言えます。また、伴走支援・経営支援では経営者に考え方を改めてもらい、企業行動を修正してもらうという非常に高度な取組みを含んでいる場合があり、これまでの御用聞き営業、元気な企業への対応、そして事業性評価を中心とした不調な企業への対応とは異なる能力・資質が問われるので、「渉外成熟度モデル」では第4段階として位置付けられています。

　まずは「金融機関が行う伴走支援」の全体像を説明します。

（1）伴走支援の定義と類型

伴走支援とは

　元中小企業庁長官の角野然生氏は、その著書『経営の力と伴走支援「対話と傾聴」が組織を変える』（光文社・刊）で、伴走支援を「主に企業経営者と外部の支援者が、信頼関係のもとで対話を行うことを通じ、経営者が本質的な経営課題に気付き、意欲を高めて企業の自己改革などに取り組むことにより、組織が本来持っている潜在的な力を発揮させていく一連の営みのプロセス」とまとめています。

また、「支援というと、一方が他方を助けるという一方通行の関係のように見えますが、伴走支援は、むしろ経営者と支援者の対等なパートナーシップの下での双方向のやりとり、相互作用だと捉えていただくのが良いでしょう」とも示しています。

　伴走支援という言葉には、主走者が主人公だという意味合いが込められています。主走者が「伴走支援者に操られている。自分の意思や主体性が失われてしまった」と感じるようでは伴走支援とは言えないでしょう。冒頭でＡさんは、この点を踏まえていませんでした。
　また伴走支援は、企業へ一方的に恩恵を与えるサービスでもありません。渉外担当者は相手企業・経営者をよく知り信頼関係を築くことができ、今後の取組みに活かすことができます。金融機関自身もリスクを軽減でき、顧客企業の発展が地域やサプライチェーンなどの発展につながり自らのビジネスに好循環を生む、互恵的な取組みなのです。

（2）伴走支援の類型

　伴走支援とはとても広い概念で、その全てを金融機関渉外担当者が実践するのは難しいのではないかとの声が聞こえてきそうです。実際その通りなので、伴走支援を３つに分類して、渉外担当者が行う支援とは何かを考えていきます。

㋐ 専門的な伴走支援

　伴走支援のあり方について、税理士や社会保険労務士、中小企業診

第6章 伴走支援・経営支援

断士などの専門家が行っている支援から学ぶことができます。これら
専門家の多くは、企業顧問として伴走支援を行っています。

　例えば、ある税理士は、毎月の財務状況を残高試算表にまとめ、経
営の羅針盤となる数値・指標値・トレンドなどをまとめた資料を作成
して、企業経営者と経営の振り返りを行っています。

　また、ある社会保険労務士は、従業員の残業時間などを整理して資
料化して、残業時間短縮を求める行政への対応方法を経営者と一緒に
考えています。

　中小企業診断士は、コロナ禍で半減した売上を回復させるべく、残
高試算表などを活用して、事業概況報告を確認し、対策の進捗をモニ
タリングする支援を行っています。

④ 経営力再構築伴走支援

　中小企業庁と中小企業基盤整備機構は令和5年6月「経営力再構築
伴走支援ガイドライン※」を発表しました。

　経営者・企業の自己変革と自走化による成長を目指す伴走支援につ
いて、基本理念や具体的な支援の進め方、留意点などを支援事例やノ
ウハウを交えながら取りまとめたガイドラインです。

　経営力再構築伴走支援では、経営者との対話を通じた信頼の醸成と、
経営者にとっての本質的課題の掘り下げが重要だとされています。こ
れらにより経営者が腹落ち（納得）し、内発的動機づけが得られるこ
とで企業の潜在力が発揮され、問題の解決や自走化が可能となること

※https://www.chusho.meti.go.jp/koukai/kenkyukai/keiei_bansou/guideline.html

で、企業が「自己変革力」を身につけるのです。経営者が独力で「自己変革」するのは難しいので第三者が伴走支援するのです。

⑦ 制度対応伴走支援

3つ目の伴走支援は、2022年に創設された「伴走支援型特別保証」において、金融機関が行うとされた伴走支援（これを「制度対応伴走支援」と言います）です。

この特別保証では企業に「経営行動計画」の策定が要件とされる一方で、金融機関には「伴走支援」が要件とされています。これに続く「コロナ借換保証」や「経営改善サポート保証（コロナ対応）」でも同様の取組みが要件とされました。

今、3つの伴走支援を概観しました。金融機関渉外担当者が行う伴走支援の多くは⑦制度対応伴走支援となるでしょう。金融機関独自の判断で伴走支援を行う場合でも、この形で行うことが多いと考えられます。

金融機関はこれに加えて外部専門家や内部の有資格者等を活用し⑦専門家が行う伴走支援や、あるいは自行庫の適任者を活用して（時には外部専門家等とも連携して）④経営力再構築伴走支援を行うことができるでしょう。

第6章 伴走支援・経営支援

2　制度対応伴走支援の進め方

　ここからは、制度対応伴走支援についてまとめます。制度対応伴走支援で何を行うかについては、2022年4月に独立行政法人中小企業基盤整備機構が発表した「伴走支援の着眼点」が参考になります。策定された経営行動計画が実行されるよう、**図表1**の取組みを求めています。

（1）信頼関係の構築からスタートする

　伴走支援のスタート時点でのポイントは信頼関係の構築です。主走者企業が事業上の成功を実現できる支援を行えるようになるためには、主走者企業・経営者との信頼関係がカギとなるからです。以下のように段階的に信頼関係を築く方法があります。

ポイント❶　相手を知ろうとする

　企業について、受け取った資料を読んで理解していない、あるいは業種や市場について一般的な情報も理解していないと、信頼感を得ようとしても徒労に終わるでしょう。経営者について、経歴や得意分野などはもちろんですが、立場や想いなどを深く理解しようとする姿勢が信頼関係につながります。企業や経営者が発信しているインターネット上の情報も積極的に収集しましょう。

165

図表1 伴走支援の着眼点

【経営者へのモニタリング】

① 進捗確認

- 数値計画に係るモニタリング時点の実績を確認、計画との差異状況を確認する（数値計画に係る進捗確認）

（例1）売上目標について今月末では全体の75％まで進捗していなければならないのに実績が73％に留まるなどと確認する

（例2）営業担当者は新規顧客を年間で12件獲得する目標だったのに、第3四半期終了時点で7件しか獲得できていないことを確認する

② 取組状況の確認

- アクションプランに係るモニタリング時点の実績を確認、計画との差異状況を確認する（実施することとした各改善策の取組状況の確認）

（例）営業担当者は新規顧客獲得のため1週間に1度、必ず新規顧客候補（取引のない潜在顧客）にアプローチすると決めていたにもかかわらず、半数が週に1度もアプローチしていないことを確認する

③ 対応策の検討と事業者へのアドバイス

- さまざまな形で「数値計画が達成できない」原因を主走者と共に究明、対応策を立てるにあたってアドバイスする

（例）数値計画の目標とアクションプランの目標の両方が未達なら、後者目標の未達が前者目標の未達原因だと考えられるので、アクションプランの実施を徹底する。アクションプランの実施を阻む要因があるなら、それを除外する策を検討・実施するよう勧める

信用保証協会への報告

④ 報告支援

- 企業の現況及び①～③について、制度で求められている報告書作成を支援する

第6章 伴走支援・経営支援

ポイント❷ 相手を尊重する姿勢

　最初に「この人は私のことを尊重してくれない」と相手に思われてしまうと、こちらの言葉を受け入れてもらうのは困難です。関係修復のため、莫大な時間を要することになるでしょう。このため「伴走支援者は自分の味方だ」という安心感を持ってもらうことが先決です。

　話の腰を折らずに最後まで聞くなどの基礎的な礼儀を発揮しましょう。どうしても相手に考えを変えてほしいケースでも相手を尊重する姿勢は忘れてはなりません。

ポイント❸ コミュニケーション

　コミュニケーションの丁寧さや誠実さ、慎重さは信頼関係の源になります。相手の言葉でわからなかったら丁寧に説明をお願いする。自分の言葉を相手方が理解していないと感じられる場合に「理解できないなら仕方ない」と先に進めるのではなく誠実に説明する。相手が違う意見を持っている可能性がある場合には断言するのではなく慎重に話を進めるなどがポイントになります。

　時には相手方の言動にネガティブなフィードバックを伝えなければならない場合もあるでしょう。企業は、その道の大家（中小企業の場合だと、同業者なら誰でも知っているトップランナー、成功者）からのアドバイスは受け入れやすいと考えられますが、立場が異なる金融機関渉外担当者からのアドバイスは聞き入れにくいと考えられます。

167

この状況でいきなり「それは経営者として間違っている」と伝えると、反発があるかもしれません。例えば、「そのことについて、お仲間の経営者に相談してみましたか?」と尋ねて、「自分とは違う意見を持っているようだった」との答えなら、「それを放置しないほうが良いかもしれませんね。どうすれば良いのか、一緒に考えてみませんか?」と続けられるかもしれません。

ポイント❹ 丁寧な準備と一貫性

　その道の大家でない者がろくに準備もせずに思いつきで言うアドバイスは受け入れにくいでしょう。反対に、丁寧に準備してきた相手の話は受け入れやすいものです。対話を重ねる中で一貫性があるなら、耳に痛い内容でも受け入れやすくなります。

　相手の意に反することを伝え受け入れてもらうためには、押し付けるのではなく相手を尊重する姿勢が大切です。

　例えば、社長が「会社が不調になった原因は顧客や取引先、従業員など"他者"にあって、会社や経営者には何も改めるべきところがないという姿勢」だとしましょう。この姿勢では企業の立て直しは困難だと考えられますが、信頼関係が築かれる前に渉外担当者のほうから「そんな考え方だから会社が立ち直らないんです」と言ってしまうと、相手の耳は塞がれてしまう可能性があります。

　このような社長の意識を変えるには、**図表2**のように段階的に伝えていく方法が有効です。

第6章 | 伴走支援・経営支援

図表2 段階的に社長の意識を変えていく方法（例）

初対面時

「そのようにお考えなのですね」

相手の言葉を受け入れる

何度か面談した時

「そのようにお考えの理由や背景をお聞かせ頂けませんか」
「（相手の話を聞いて）わかりました。大変なご経験をされたのですね」

相手の言葉を受け入れる

少し気心が知れてきた時

「前回、社長のお話をお聞きして大変さがわかりました。一方でそのような状況で、成功した経営者の代表格である松下幸之助は『それは私の責任です、と言い切れてこそ責任者たりうる』と言ったそうです。この言葉について、どうお感じですか？」

反対意見でも、受け止める

伴走支援者として信頼されてきた時

「お耳に痛いかもしれませんが、貴社のためと思ってお伝えするので聞いてもらえませんか？成功した多くの経営者は、他責思考では上手くいかない、自責思考が大切だと言っています。今回はこのことについて、考えてみませんか？」

一方的に話すのではなく、話のきっかけを提供して対話する。相手の言葉は真剣に聴き（傾聴）、相手自身が答えを出すように促す

169

（2）改善への意欲を向上させる

　伴走支援を始められるほどの信頼関係が構築できたら、次に改善への意欲を盛り上げていきましょう。経営改善計画を立てても、それは金融機関に対する方便であって本腰を入れて取り組んでいくものではないと考えている（表立っては考えていなくても、潜在的に考えている）経営者が少なくないからです。

　こういう心境のまま伴走支援を始めても、成果を得ることが難しくなり、相手も苦痛に感じてしまうでしょう。最初に計画への取組みを動機づけておくのです。

動機づけ❶　成功ビジョンの共有

　伴走支援を始める段階では、売上・利益が低調で苦しい状況が続き、資金調達もままならず、従業員たちに対しても気が引ける心境にあるかもしれません。ネガティブになりやすい状況ですが、経営改善計画に取り組んで成果が出た時の姿をビジョンとして明確に描くと、そこで得られる喜びがイメージできるようになり前向きになれます。

　企業の立て直しに成功した取組み例を調べ、時には当事者の話を聞くことで、生き生きとしたビジョンを持てるようになるかもしれません。

動機づけ❷　現状認識の共有

　ビジョンを描くことに併せて現状も適切に認識します。財務データ

分析や市場・事業環境分析、あるいはこれらを総合した分析（SWOT
分析：企業の強みや弱み、機会や脅威に関する分析）を行えるかもし
れません。

　経営改善・事業改善の取組みとはビジョンと現状のギャップを埋め
ることと言い換えられるので、現状の適切な認識は必須条件です。

動機づけ❸　ポジティブな意識を持つと双方で合意する

　ここでいう「ポジティブ」とは「どんなことがあっても前向きな意
味を見つけ、前向きに対応できる。あきらめない」と考えることです。
「成功の秘訣は、成功するまで諦めないことだ」と言いますが、それ
を約束するのです。

（4）プロセスに従って「気付き」や「動機付け」を行う

　冒頭でAさんはT社長に受け入れてもらえず逆に反感を買ってしま
いました。それはなぜでしょうか。

　理由の1つとしてAさんが「目標達成できないのは社長の考え方が
間違っていることが原因で、それを改めるのが対応策だ」とアドバイ
スしたことが挙げられます。

　T社長はこの言葉に反発して「我が社が不調なのは人手不足という
外部環境が原因だ。だから手が打てない」と結論付けてしまいました。
こうなるとにっちもさっちもいかなくなってしまいます。

伴走支援者の役割は、動機づけ③で示したように、企業を「どんなことがあっても前向きな意味を見つけ、前向きに対応できる」姿勢に誘導することです。そのためには、Aさんのように「意識を変えてください」とストレートに伝えるのではなく、数値計画やアクションプランの進捗状況を踏まえながら理解してもらうようにすることが大切です。例えば、以下のような対応が考えられるでしょう。

（例１）数値計画の目標とアクションプランの目標の両方が未達なら、後者目標の未達が前者目標の未達原因だと考えられるので、アクションプランの実施を徹底する。アクションプランの実施を阻む要因があるなら、それを除外する策を検討・実施するよう勧める

（例２）アクションプランの目標を達成できたにもかかわらず数値計画の目標が未達なら、数値計画目標の達成に向けてアクションプランに掲げた措置以外の要因がポイントだと考えられるので、当該要因の究明と、その対処を検討・実施するよう勧める

（例３）アクションプランの目標を達成できたにもかかわらず数値計画の目標が未達の場合で、アクションプランの完遂から数値計画目標の達成まで時間がかかる（タイムラグがある）と考えられる場合には、モチベーションを下げることなく取組みを継続するよう勧める

> **（例4）** 数値計画の目標とアクションプランの目標の両方が未達
> で、アクションプランの実現が不可能だと考えられる場
> 合には、別の方法で数値計画が達成できないかを模索す
> る。策が見つかったら新たなアクションプランとして取り
> まとめ、その実施を推進する

　冒頭のＳ社については、Ａさんが例4のように議論を誘導していれ
ば、次のようにＴ社長の前向きな姿勢を引き出せた可能性があります。
状況を的確に踏まえてロジカルに思考することが、的確かつポジティ
ブな対応策やアドバイスにつながると考えられます。

議論の誘導例（P.159「★」の部分）

Ａさん　「数値計画の目標とアクションプランの目標、両方の未達
　　　　　が続いており、今後も人手不足のためアクションプランを
　　　　　実施できる見込みが立たないようです。そろそろ、別の方
　　　　　法で数値計画が達成できないか模索すべき時期だと思い
　　　　　ますが、いかがでしょうか？」

Ｔ社長　「なるほど、その決断をすべき時かもしれないね」

Ａさん　「現状の人員数で数値目標を達成するため、何か工夫で
　　　　　きないでしょうか？　案は、ありませんか？」

Ｔ社長　「実はね、現場のマネジャーから1つ提案があるんだ。そ
　　　　　れはね…」

173

3　渉外担当者が行える経営支援

　最近では金融機関に「経営支援」も求められるようになっています。経営支援とは、経営コンサルティング、ITやデザイン、知的財産等のさまざまな分野の専門家や外部機関と連携して、中小企業・小規模事業者等が抱えるさまざまな経営課題を解決していくことを指します。

　経営コンサルティングは、欧米では専門職大学院で学ぶことが求められているほど高度な取組みなので、渉外担当者が十分な知見を備えずに経営支援を行おうとしても、「生兵法は大怪我のもと」になると思われます。

（1）専門家が行う４つの経営支援

　それでは、専門家が行う経営支援の内容を紹介しましょう。実は、それらの支援内容の中には、金融機関の渉外担当者も十分取り組めるものもあります。むしろ、金融機関も十分取り組める経営支援については、それを行うことが今や期待されていると理解しましょう。

専門家が行う経営支援❶＝意思決定支援

　専門家が行う第１の経営支援は、「経営者の意思決定支援」です。問題・課題に係る現状調査・分析、課題の洗い出し、解決の方向性の

第6章 伴走支援・経営支援

あぶり出し、戦略計画・アクションプランの策定などの各段階について、さまざまなフレームワークやツールを駆使し、専門的知見を活用しながら、経営者が根拠を持った意思決定ができるよう支援します。

専門家が行う経営支援❷＝専門家ならではの気付きの提供

第2に、専門家は、経営者が「取るに足りないこと」あるいは「不可避的な事象」と考えている不都合な現象の中に、専門的知見があるからこそ気付けるリスクを発見するという取組みを行います。

逆に、好都合な現象を取り上げ、それがどういった経緯で起きたのかを分析し、再現性を高めるよう促す場合もあります。

専門家が行う経営支援❸＝課題解決のための具体的支援

第3は財務管理や生産管理、マーケティングといった各々の専門分野で、企業が直面する課題に対して、専門知識やノウハウに基づいたサポートを行います。この分野は、国家資格等がなければ行うことができない場合があります。

専門家が行う経営支援❹＝不足分野の指摘

企業の本業に一番精通しているのは、経営者や従業員です。そこで、専門家は客観的に企業経営の全体像を見て、不足している部分がないかを探り、その部分への対応について、経営者や従業員が改善に取り

175

組むよう促します。

　以上の４つの場面のうち、①〜③は、知識がない渉外担当者が取り組んでしまうと、「生兵法は大怪我のもと」になりかねません。しかし、最後の④不足分野の指摘については、「企業経営の全体像」を知っていれば専門的知識を身につけていなくてもアドバイスができます。ここが、金融機関の渉外担当者が行える経営支援の１つになると考えられます。

（2）企業経営を包括的に捉える

　企業の全体像を見て、どこが不足しているのか探すには、その前提として経営の全体像を知っていなければなりません。

　そのために本書では「全方位経営モデル」を提案します。経営者の話をよく聞き対話を重ねて企業の現状等に係る深い理解を得た後に、ここで示す全方位経営モデルと対比すれば、現在の企業経営に欠けている部分が見えてくるでしょう。

　なお、以下に挙げる全方位経営モデルは、小零細企業（従業員数：20人程度以下）を前提にしています。

（3）全方位経営モデル

　全方位経営モデルを解説するにあたり、経営とは何か、企業を繁栄させるためには何が必要か──これを帆とエンジンという２つの推進機関を持った貿易船を例に考えてみましょう。

図表3 全方位経営モデル

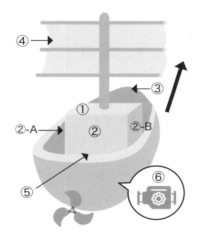

① 販売拡大・利益改善の直接行動
② マーケティング・マネジメント
　②-A マーケティング
　②-B マネジメント
③ 企業の方向性
④ トレンドを踏まえる
⑤ 企業体質まで考える
⑥ モチベーションを高める

　図表3のとおり、船には船室（上部）と船体（下部）があり、上部は経営者・マネジャーが働く場所、下部は社員が働く場所だと考えてください。この船は、ある港で荷物を買い取り、別の港で売りさばくビジネスを行っていますが、利益が出ず、ビジネスの継続が危ぶまれています。
　そこで改善策として挙げられるのが、図表3の①〜⑥の取組みです。それぞれを見ていきましょう。

① 販売拡大・利益改善の直接行動

　企業を立て直そうとする場合に最初に考えつくのは販売拡大や利益改善に向けた直接行動です。貿易船なら「取扱商品をもっと高く売る」ことで、値上げの他、「これまでは港Aで商品を仕入れて港Bで売っ

ていたが、今後は港Cで別の商品を仕入れて港Dで売る」などの事業
再構築が考えられます。船にたとえるなら船室の最上位部分です。

② マーケティング・マネジメント

　販売拡大・利益改善の直接行動を指示したからといって、簡単に企
業が立ち直るわけではありません。値上げなら誰にどのように働きか
ければ値上げが実現するのか、事業再構築なら次はどんなビジネスを
手がければ良いのかが、わからないからです。それを行うためにはマー
ケティングを行う必要があります。

　マーケティングとは顧客・市場を知って働きかける取組みで、自社
の顧客となってくれそうなセグメント・ターゲットを特定、何を提供
するかのポジションを設定します。

　それらをもとに商品や差別化、価格などを定めて、顧客にアプロー
チするとともに、宣伝広告なども行っていきます。仕入れや提供方法
などサプライチェーンの構築や、顧客にどのように覚えてもらうかの
ブランド確立までを含める場合があります（②–A）。

　また社内の働き手には、値上げや事業再構築にかかる普段は行わな
い仕事を行ってもらう必要があるので、マネジメントを工夫しなけれ
ばなりません。各部署・各人が適切に仕事をしているかの業務管理、
各部署・各人が目標を達成しているかの業績管理、会計処理や資金調
達を含む財務管理、採用・配置・育成・評価・報酬などの人材管理など
を行っていきます（②–B）。

　これらは船にたとえるなら最上位を支える船室の壁部分です。

③ 企業の方向性

　企業が目指す理想・方向性が定まらないと、マーケティングやマネジメントにブレが生じてしまいます。企業が目指す理想・方向性は「経営理念・社是」や「ビジョン」あるいは「戦略計画」として定めていきます。

　船にたとえるなら最上位を支える船室の壁、それも前面壁部分と言えるでしょう。

④ トレンドを踏まえる

　企業の方向性を定めていく場合、トレンドを踏まえることが大切になります。代表的なのは「トレンドを活かせる製品開発・市場開拓などを行う」方向性です。積極投資などで攻めの経営を行っていきます。

　しかし、時には逆風が吹く場合もあります。この場合は積極姿勢ではなく守りの経営（「投資額が大きくなってしまう新製品開発などは抑えて、既存顧客との関係を維持しつつ大切に育てる」などの戦略）を選ぶ場合が多いでしょう。

　これは、船にたとえるなら帆の使い方と言えるでしょう。

⑤ 企業体質まで考える

　企業ごとに「企業体質」は異なります。「積極的で、いつも新しい顧客の創造を目指し、仲間は（よい意味で）競争し合う」社内文化を持つ企業もあれば、「保守的で、これまでの顧客を大切にし、仲間は

協力し合う」社内文化を持つ企業もあります。

　職場の雰囲気などに現れる企業体質は働く人々のモチベーションに大きく影響し、結果的に企業の業績を左右します。つまり、企業の方向性、すなわち「経営理念・社是」や「ビジョン」あるいは「戦略計画」とマッチした企業体質を形成するよう努めていくのが良いのです。船にたとえるなら船室と船が接する床部分と言えるでしょう。

⑥（従業員の）モチベーションを高める

　現場では従業員のモチベーションを高めることがポイントです。同じ戦略・方針、マーケティング、マネジメントを行っても、得られる成果は従業員のモチベーションによって大きく異なるからです。

　エンジンから得られる船の動力は燃料の供給とアクセルで自由にコントロールできますが、現場の場合、そのように簡単にコントロールすることはできません。

　働き手のモチベーションは、短期的にはその時々の指示の出し方や声かけの仕方などに影響を受けるとともに、長期的には普段から受けている教育・訓練などにも影響を受けます（先を見据えた教育・訓練を受けている働き手は仕事へのモチベーションが高く、受けていない働き手は低いなど）。

　加えて職場の雰囲気などの企業体質も影響します。業績をあげられる船とするには、従業員のモチベーションを高める配慮が欠かせません。

第6章 伴走支援・経営支援

（4）すべてに取り組むのが全方位経営モデル

　以上、船を例に出しながら、①〜⑥の取組みを紹介しました。全方位経営モデルは、経営とは総合的な取組みであるとの考えをベースにしています。

　企業を立て直そうとする時、最初に考えるのは売上や利益を改善する直接の策ですが、それだけだと効果の持続・拡大は望み薄です。マーケティングやマネジメント、企業の方向性、トレンドを踏まえること、企業の体質まで考えて働き手のモチベーション向上にも想いを馳せることで、目指す効果が得られるのです。

　しかし経営者は「早く立て直さなければならない」と考えて、全方位経営モデルのような広がりをもって考えられなくなっていることが多いのです。

　ここに金融機関の渉外担当者が経営支援できる場面があります。企業・経営者と関係性を築き、経営者の話をよく聞いて企業の現状等を理解し、聞いた話を全方位経営モデルと対比して、例えば「マネジメントが不足しているようだ。創意工夫しても給料やボーナスに反映されないので消極的な雰囲気になっており『言われたことを、少し手抜きしながら行えば良い』と、モチベーションも低下していると感じられる」などと考えるのです。

　そこで、経営者から「自分は会社の立て直しのために全力を尽くしているつもりだが成果が出ない。八方ふさがりだ」との声を聞いた時に、「社員のモチベーションはどうでしょうか。楽しく仕事をして成

181

果を出し、給料やボーナスが上がるとモチベーションもアップすると思います。そのことは伝えてみましたか？」とアドバイスできるかもしれません。

全方位経営モデルを理解していれば、経営の専門家ではない渉外担当者でも、経営支援できる可能性があるのです。

（5）視野が狭くなりがちな専門家の代わりになる

経営の失敗は、狭い視野に陥って、特定部分にだけ注目することに原因があることが多いと感じられます。この現象が、支援者である専門家の存在によってひどくなっているとさえ感じる場合もあります。

専門家とは、視野が狭いからこそ「専門家」です。例えば、マーケティングの専門家は「会社が不調だから支援して欲しい」と依頼されると、マーケティング分野で支援します。当該企業がもともとマーケティング分野で（本来は点数を付けられませんが、イメージとして理解してください）30点だったとすると、それを50点、70点へと成長させる支援をします。

では、実際に企業のマーケティングが70点を超えるレベルになったのに期待したほど売上・利益が改善しない場合、マーケティングの専門家はどうするでしょうか。さらにマーケティングをテコ入れして、当該分野の点数を伸ばす施策を提案して80点、90点を目指します。

しかし、これでは多くの場合、改善につながりません。

ここで金融機関の渉外担当者による全方位経営モデルが役立ちます。渉外担当者は、専門分野を持たないだけに、素直な気持ちで、抜

第6章 伴走支援・経営支援

け落ちている課題に気付ける可能性があります。経営者から話を聞き、その内容を全方位経営モデルにそってまとめていく過程で、例えば「マーケティングについて語られることは多いが、マネジメントについて語られることがない。マーケティング以外の部分に企業を立て直すポイントがあるのではないか?」と気付ける可能性があるのです。

このような気付きは企業・経営者にとって有益で、大きな成果をもたらす可能性があります。ぜひ活用して、経営支援を実践してみてください。

第 **7** 章

ステップアップに向けた
学びの方法

1 近代銀行の 午後6時30分

Aさん 「B先輩、今日もお疲れ様でした。お先に失礼します」

B先輩 「今日もお疲れ様。また明日、頑張ろう」

Aさん 「もちろんなんですが、今日も帰ってから課題があります。明日はちょっと疲れがたまっていそうですね」

B先輩 「そうか、たしか資格取得のため勉強しているんだよね。熱心なのは良いけれど、ほどほどにしておいてね」

Aさん 「わかっていますが、日中は仕事して、業務が終わったあとも資格取得のための勉強とは…なかなか気持ちが前向きになれません」

B先輩 「私も以前は、Aさんのように、なかなか勉強に前向きになれなかったよ。でも、ある先輩の話を聞いてから、考え方が変わり、前向きに勉強に取り組めるようになったんだよ」

Aさん 「そのお話、良かったら聞かせてもらえませんか?」

——B先輩は、自身が渉外担当者になったばかりのころ、参加した

顧客支援勉強会で、支援事例を発表してくれたU代理について話してくれました。

B先輩が渉外担当者になったばかりのころ

B先輩 「U代理、先ほどは支援事例の発表をありがとうございました。顧客企業が再生を果たせるように事業性評価を行って伴走支援した事例は、とても興味深かったです」

U代理 「ありがとう。でもね、私一人の力でできた訳ではない。先輩や上司、それから周囲の支援者など無数の人たちから協力があったからこそ可能になったんだ」

B先輩 「毎日、御用聞き営業に明け暮れて、『もっとお客様に貢献できる仕事がしたい』と思っているのに、いざ積極的なお客様から前向きな資金支援の要請があったらあたふたしている私が、U代理のようになれるでしょうか」

U代理 「私もBさんのように、なかなか成長しない自分に対して不安を感じていた時代があったよ。でも、いつの間にか勉強会で支援事例を発表できるようになった。自分自身が不思議だよ」

B先輩 「何か秘訣があるのですか?」

U代理 「秘訣というほどではないよ。まず、すべての案件に全力で取り組むこと。そして、本部から指示・提供される教育プロ

近代銀行の 午後6時30分

　　　　　グラムを利用してしっかり勉強することかな」
B先輩　「ええっ、本部から指示・提供される教育プログラムで勉強
　　　　する？　あれに何の意味があるのですか？」
U代理　「はははは、あの勉強に意味がないと思っているんだね。でも、
　　　　そんなことないよ。実は―」

――B先輩の話を聞いてAさんは…。

Aさん　「そうなんですね。B先輩も、かつては銀行の教育プログラ
　　　　ムに疑問を抱いていたのですね」
B先輩　「そのとおり。私も『U代理のようになりたい』と思い、U代
　　　　理の話を聞くことで、勉強が苦ではなくなったんだ」
Aさん　「B先輩、私自身、いま渉外担当者として事業再生や事業性
　　　　評価、伴走支援などに取り組んでいますが、それを行うのに、
　　　　例えば融資の基礎をなぜ学ぶ必要があるのか、疑問に思っ
　　　　ています。U代理は、どのようにおっしゃったんでしょうか？
　　　　B先輩はどのように勉強に前向きになれたのでしょうか？」

U代理、そしてB先輩の答えとは――

第7章 ステップアップに向けた学びの方法

1 金融機関における学びの重要性

　ここまで渉外成熟度モデルとして「御用聞き営業」「元気の良い企業への対応」「不調な企業への対応（事業性評価）」、そして「伴走支援・経営支援」の4段階を挙げました。渉外成熟度モデルの4ステップを学んだ後の終章として、ここでは「学び方・自己研鑽」について考えていきます。

　加えて渉外担当者が行える企業支援として「速効回復支援」についてもご説明します。

（1）金融機関渉外担当者に学びが必要な理由

　金融機関では、なぜ集合研修やOJTとは別に、本部からさまざまな「教育プログラム」が提供されるのでしょうか。そうした教育プログラムをクリアすることが、昇格の条件となっているケースも少なくないと思います。

　金融機関がこのようにさまざまな教育プログラムを用意している背景には、以下の事情があると考えられます。

㋐ 学ぶべき事項が多く進化が早い

　金融機関としての業務を遂行するには法律や金融上のルール・慣習、商品等について学ぶ必要があるとともに、これらが日々進化していることにも対応する必要があります。

189

また同じ分野の知識やスキルであっても、学び手のレベルによって、最初は初歩的な内容から徐々に高めていく必要も生じます。

このため体系的・段階的に取りまとめられた教育プログラムから自分の状況などにマッチした内容を学ぶことで、業務遂行に必要な、かつ現場では得られにくい知識・ノウハウが習得できるようになります。

㋑ 顧客企業・経営者について学ぶ必要がある

金融機関の渉外担当者として顧客である企業や経営者に対応するためには、相手をよく知っていなければなりません。例えば、企業の財務分析は基本中の基本ですが、それを業務上の書類作成や OJT だけで学ぶには限界があります。この分野も学び手のレベルによって、最初は初歩的な内容から徐々に高めていく必要があるので、体系的・段階的に取りまとめられた教育プログラムから、自分の状況などにマッチした内容を学ぶ必要があるのです。

また顧客企業のビジネスモデルや事業環境、市場、サプライチェーンについて個別具体的な知識・ノウハウは自ら問題意識を持って学んでいくことになりますが、この場面でも指示・提供される教育プログラムから学んでおくことで学びが容易になる、あるいは深くなるというメリットが得られます。

㋒ 多彩な知識・ノウハウが必要である

金融機関で働くには、上記以外にも多彩な知識・ノウハウを身につける必要があります。例えば、コミュニケーションやリーダーシップ、時間管理などの「業務を効果的かつ効率的に行うための間接的知識・

第7章　ステップアップに向けた学びの方法

ノウハウ」も重要です。これらを業務遂行の場面だけで習得するのは難しいので、別に指示・提供される教育プログラムなどで学ぶ必要があるのです。

エ キャリアの成長・発展のため

　渉外担当者として成長していくと、いつか異動があり、現在の職務範囲を超えた知識やスキルが求められるようになります。指示・提供される教育プログラムなどは、このようなキャリアの成長・発展に対応できる人材を育てられるよう設計されています。

　これらの学びを続けることで、仕事での新たな挑戦に対応できるようになるのです。

（2）学びを仕事につなげていくために

　一方で、どんなに学んでも仕事で活用できなければ意味がありません。活用できないことが「指示・提供される教育プログラムなどには意味がない」という気持ちにつながっていくと考えられます。教育プログラムで学んだことを、仕事に活かせるようにするためには、以下のような工夫を重ねるとよいでしょう。

ア 学んだことを実践することを習慣化する

　学びを仕事に活かすために、まず第1に取り組んでもらいたいことが、言わずもがなですが、「実践することの習慣化」です。

　知識はインプットした時ではなくアウトプットした時に自分のものになると言われています。またノウハウも、実際の仕事で試すことで

191

コツを掴んで使えるものになり、「次にも使ってみよう」という気持ちになれます。これらを繰り返して成功体験を積むことで自信につながります。

時には失敗することもあるでしょうけれど、それも1つの学びとなり、克服することでさらなる自信につながります。

㋑目的・活用方法・メリットなどを知ること

指示・提供される教育プログラム等の冒頭には多くの場合、それを学ぶ目的や、身につけた知識・ノウハウをどのように仕事に活かすことができるか、そのメリット等が説明されていることでしょう。それらをよく読んで現実の仕事で活用する姿や、キャリア目標を達成できた状況などをイメージしてみましょう。

尊敬する先輩や上司の仕事ぶりを思い出し、その人たちもかつては自分が今学んでいる教育プログラムを学んでいたのだと想起することで、実際の活用方法を具体的にイメージできる可能性があります。

㋒ 学ぶ時に仕事を連想する

例えば金融商品や財務、事業承継等に係る学びの場合、仕事との関連性は高いはずですが、活用されないままになってしまうことが意外に多いと考えられます。

学んでいるときに「この商品は〇〇社長に勧めると喜んでもらえるかもしれない」「今、学んだことは、前回に見つけられなくて先輩から指摘された財務上の問題点に関することだな」などと関連性を見出し、メモしておくことで、活用につなげていくことが可能になります。

第 7 章 ステップアップに向けた学びの方法

（3）自分への信頼を高めるために学ぶ

　前項で学びを仕事につなげていくために、「学ぶ目的」を知るよう
に述べました。では、どのような目的を掲げればよいのでしょうか。
これについては、「自分への信頼を高める」という目的を持って学ぶ
ことをお勧めします。

　以下では、渉外担当者が、金融機関内で得るべき３つの信頼、そし
て顧客企業・経営者から得るべき３つの信頼を挙げます。

【金融機関内での信頼】

⑦ 業務遂行能力への信頼

　渉外担当者が、金融機関内でまず第１に高めたいのが「業務遂行能
力に対する信頼」です。業務処理が正確かつ迅速だと、信頼も得られ、
鬼に金棒です。

　例えば、融資稟議書なら必要事項を漏らさず書き込むことが求めら
れます。融資稟議書では、内容の正確性も求められます。仮に専門用
語を正確に学んでおらず間違った意味で使っていたら、上司としては
そのような部下を信頼することは難しくなるでしょう。

⑦ 顧客理解力に対する信頼

　例えば、事業性評価を行おうとする場合、企業の規模や財務状況、

193

業種やビジネスモデル、顧客や取引先の状況、業界やサプライチェーン、地域のトレンドなどさまざまな要因を検討して判断につなげていくことが必要になります。こうした企業の状況や特殊要因等を正確に把握する渉外担当者は、金融機関内で信頼を勝ち得ることになります。

　逆に、顧客企業の状況をきちんと把握・理解しておらず、検討しなければならない特殊要因等について全く触れることのない融資稟議書を書いてしまったら、信頼を得ることは難しいと考えられます。

㋟ 法令遵守やリスク管理に係る信頼

　遵守すべき法令や注意を払うべきリスクについてきちんと理解している担当者、必要書類の発行・徴求や記載内容の確認等で漏れがない担当者は、信頼を得ることになります。

【顧客企業・経営者からの信頼】

㋓ コミュニケーション・関係構築への信頼

　「挨拶ができない」「約束していた時間に訪問してくれなかった」、あるいは「前回お願いしていた書類を失念する」ような渉外担当者を信頼することはできません。

　依頼した書類や情報を忘れずに持参・伝えてくれる、あるいは企業側の要望等をしっかりと理解して金融機関内で検討、的確な返事を返してくれる──そのような担当者は企業・経営者から信頼を得ること

になります。

　融資を謝絶することになっても、経営者に「謝絶理由を丁寧に教えてくれたので、次はどんな形で融資を依頼すれば良いかがわかった」と思ってもらえる担当者は、信頼を得て、経営者に「担当から外れてほしくない」と感じてもらえます。

㋔ 商品やサービスに関する深い知識を持っていることへの信頼

　経営者の立場から見れば、渉外担当者から提案された制度融資への申込みを済ませた後に、他の制度融資のほうが条件面が有利だったということがわかると、その担当者への信頼はいっぺんに吹き飛んでしまうことがあります。こうしたことを防ぐため、商品やサービスに深い知識を持つことが渉外担当者には求められます。

　商品だけでなく、書類の追加提出や書き直しなどが頻発しないように、手続きに関してもしっかりとした知識を持っておくことで、信頼を得ることができるでしょう。

㋕ 自社の状況や経営者の考え等を理解していることへの信頼

　同じ業種業態であっても現金取引をメインとする企業と、掛売りをメインとする企業とでは、金融機関との取引姿勢において大きな違いが生じます。そのような事情を考慮することのない渉外担当者、そもそも企業ごとにそのような違いがあることにも気付かない渉外担当者は、信頼を得るのは難しいでしょう。

逆に企業の事情をよく理解し、長期返済の融資以外にも可能な範囲で短期継続融資あるいは当座貸越などを提案する渉外担当者であれば、信頼されると考えられます。

　また、経営者は企業が抱える問題・課題に親身に寄り添ってくれる担当者を信頼します。例えば、人手不足について愚痴を言っても親身なレスポンスが返ってこないどころか、人手不足問題そのものに関心を持っていない担当者を信頼することはできないでしょう。

　上記㋐～㋕で挙げた信頼を得るためには、当然ながら「学び」がとても大切になります。つまり、「信頼を勝ち得たい。そのために学ぶ」という意識を持つことがモチベーションにつながるのです。

　冒頭でU代理がB先輩に言ったこと、そしてAさんに言いたかったのが、この点です。金融機関から指示・提供される教育プログラム等を学ぶことで、「渉外担当者としての信頼につながる」、それこそがU代理やB先輩のモチベーションを高める秘訣だったのです。「学ぶ」ことで、働き甲斐を感じながら仕事ができることにつながることを、2人は体感したのだと思います。皆さんも、ぜひ「信頼を得ること」を目的に、学びを進めてみてください。

第7章 ステップアップに向けた学びの方法

2 いま求められる速効回復支援

　第3章で、渉外担当者が行える日々の顧客支援として「速効回復支援」をご紹介しました。筆者が所属する事業性評価支援士協会では、渉外担当者が速効回復支援を企業支援に活用できるように、『速効回復支援士®養成講座』を提供しています。

　ここでは、速効回復支援についてご説明します。

（1）速効回復支援とは

　速効回復支援とは、企業がスピード感をもって回復することを目指した支援です。不調が見えてきた企業について経営者のマインドを変えることによって比較的早期に回復に向かわせます。

　不調に陥ってしまった企業が回復を目指すにあたっては、不調の原因を究明し、その原因を取り除く方向性で対処策を策定し、現場で着実に実行されるようにするアプローチが普通だと考えられます。

　しかしこのアプローチだと、成果が出るのに一定期間、時には長い時間がかかります。不況や疫病等の経済インシデント（大きな事件・異変）が業績悪化の原因の場合、それを取り去ることはできませんから、対応策を見つけるにも一苦労します。

　一方で、経済インシデント等の影響で不調に陥った会社に多く見られるのが、経営者が「売上・利益は低下したが、それほど影響は大き

197

くないので今しばらく様子を見よう」という現象です。早期に対策を
講じれば少ない努力で効果が出て、大事に至らないのに、放置してし
まった結果、手遅れの状況に陥ってしまうのです。

　そうではなく経営者が早めに気持ちを切り替えて「重大な状況にな
る前に、売上・利益の確保のためみんなで協力して手を打とう」と声
をかけることで、企業を危機から守れる可能性があります。

　速効回復支援は、このように経営者の気持ち・メンタリティを切り替
えることでスピード感を持って企業を回復させようとする支援です。

（2）速効回復支援士講座の概要

　経営者に気付きを与えてメンタリティを切り替えてもらう支援がで
きる速効回復支援士® を養成するため、事業性評価支援士協会では
「速効回復支援士®養成講座」を開設しています。

　当該講座は、テキスト冊子をもとに学習（職場・自宅）し、選択肢
方式の確認テストを受験して基準点を超えて合格した受講生が「速効
回復支援士® 」となることができる講座です※。速効回復支援士養成
講座は、右記のとおり3部18章で構成されています。

　第I部「中小企業の状況と速効回復支援士」ではまず、売上が減少
してしまった企業の財務状況と金融機関にとっての「貸しにくさ」、
それにもかかわらず楽観的な経営者が少なくない状況を確認します
（第1章）。

※速効回復支援士養成講座サイト＝https://stratecutions.jp/index.php/speedrecover/

【第Ⅰ部】中小企業の状況と速効回復支援士

第1章　中小企業の実態

第2章　速効回復支援の原理と支援者

第3章　速効回復支援士に求められる能力

【第Ⅱ部】速効回復支援の原理

第4章　会社が倒産に至る経過と支援

第5章　会社が上手くいかなくなる理由

第6章　会社が上手くいかなくなる「考え方」

第7章　気付きで会社を良くする

第8章　気付きで会社を良くなる範囲

【第Ⅲ部】速効回復支援の実践

第9章　目的・範囲

第10章　手順・PDCA

第11章　支援対象者を選ぶ

第12章　危機感を抱かせる

第13章　思い出させ、知っている成功例・失敗例を話す

第14章　コーチングを行う

第15章　速効回復支援で行う質問

第16章　分析・評価等を伝える

第17章　ビジネスの一般法則等に気付かせる

第18章　しきい値の判断を行う

次に速効回復支援が機能する原理「経営者のメンタリティ変革が企業をスピーディに立て直す原動力になる可能性」についてご説明します（第2章）。

　加えて速効回復の支援者について、コンサルティング能力や専門的能力ではない、速効回復を支援する特有の能力が必要とされる旨をご説明します（第3章）。

　第Ⅱ部「速効回復支援の原理」ではまず、企業が倒産に至る経過（段階）についてご説明します。不況や疫病の蔓延、主要な取引先企業の倒産等に翻弄されて不調に陥った企業には、倒産してしまう企業もあれば、絶体絶命のピンチに立たされながらも持ち堪えて発展に転じる企業もあります（第4章）。

　企業が不調に陥ってしまう理由は外的要因ばかりではなく、資金不足や人材不足、間違ったあるいは稚拙な戦略、マネジメントの不在、あるいは経営者の「考え方の誤り」などの内部要因も働いています（第5章）。

　企業の行く末に違いが生じる理由の1つとして、経営者のマインドが挙げられます。

　経営者は不況などの困難な状況下に「まだ大丈夫、ギリギリになったら頑張ろう」「苦境の原因は外的要因なのでなす術がない」などと考えて特段の取組みを行わない場合があります（第6章）。

　「早めの取組みがポイントだ」「何かできることはないか、金融機関や税理士と相談しよう」などと考えを改めることにより、危機を脱することができる可能性があります。講座では経営者が陥りがちな考え

図表1　中小企業への問題解決支援

- ⑥ 専門知識（業務・マネジメント）などを伝える
- ⑦ 分析・評価などを伝える（専門家として）
- ⑧ 事業計画書などの策定支援（体系的分析等を含む）
- ⑨ 実行支援（業務代行・開発代行などを含む）
- ⑤ 問題解決に係る一般原則などを伝える
- ④ 分析・評価などを伝える（素人の第三者として）
- ③ コーチング
- ② 支援者の成功例・失敗例を伝える
- ① 聞いた話を思い出させる

方を8つ挙げ、これらの考え方をどのように改めることが望ましいかを検討しています（第7章）。ただし、企業の財務体力等からすると別支援のほうが望ましい場合もあるので、速効回復支援の対象になる企業について検討します（第8章）。

　第Ⅲ部「速効回復支援の実践」では最初に目的と範囲を検討します（第9章）。金融機関が行う企業支援の典型例である再生支援は、非常に広範囲な支援です（図表1）。
　一方で速効回復支援はその前半部分で、コンサルティングや専門知識を持たなくても行える支援です（図表2）。
　速効回復支援を行う上での手順と、渉外担当者がどのようにしてPDCAを回しながら支援を改善していけるかを検討した上で（第10

図表2 速効回復支援の範囲

- ❹ 分析・評価などを伝える（素人の第三者として）
- ❸ コーチング
- ❺ 問題解決プロセス一般原則などを伝える
- ❷ 支援者の成功例・失敗例を伝える
- ❶ 聞いた話を思い出させる
- ❻ しきい値を再確認 必要な措置を行う
- ❼ 速効回復支援の可能性を見極めて開始

章）、支援対象者について検討します（第11章）。

　速効回復支援として最初に行うのは危機感を抱かせることです。ただしそれは企業経営者に「このままだと先行きが危ない」と脅すことではありません。まだ再起の可能性が高いタイミングで事業改善等の取組みを始める合理性を説明して納得を引き出すことです（第12章）。

　危機感を抱いた経営者に対しては「思い出させ、知っている成功例・失敗例を話す（第13章）」「コーチングを行う（第14章）」「分析・評価等を伝える（第16章）」「ビジネスの一般法則等に気付かせる（第17章）」等を行います。
　コーチングについては、速効回復支援で活用できる質問を詳述して

第 7 章 ステップアップに向けた学びの方法

います（第 15 章）。また、速効回復支援をストップして再生支援等にシフトしなければならないタイミング（しきい値）を見計らう方法についてもご説明しています（第 18 章）。

　速効回復支援は、高いコンサルティング技術や専門分野の知識を必要としません。一方で、誰でも簡単にできる支援でもありません。

　経営者と長期・定期的に交流があり信頼されている者が、前提知識や実施方法等について適切な知識・ノウハウを持った上で実施することで、成果につなげることができます。

　金融機関の渉外担当者の皆さんには、速効回復支援を行うことで、顧客企業・経営者が最悪の窮地に陥る前に救い出し、企業の活性化ひいては地域・サプライチェーンの活性化に一役買ってもらいたいと考えています。

おわりに

　冒頭でもお伝えしたとおり、本書は、金融機関で若手渉外担当者として働く皆さんにやりがいを感じながら楽しく、将来への明るい展望を持って過ごしてもらいたいと考えて著しました。その想いが多少なりとも読者の皆様に伝わっているなら、とても嬉しく思います。

　金融機関だけでなく、どこで働き始めたとしても、誰もが「このままこの職場で働き続けて大丈夫なのだろうか」と一度は疑問を抱くのではないかと思います。キャリアの安定性や将来性、職場環境や人間関係、報酬や福利厚生、ワークライフバランス、あるいは企業文化や社会への貢献、そして自分自身の成長機会など、様々な観点から考えるでしょう。加えて今が楽しいか、毎日意義を感じて過ごせるかも重要な要素となっているでしょう。

　筆者が新人職員だった時代は今ほど転職が一般化していませんでしたが、皆さんと同じように考えていました。そして結局、約30年間（組織名や体制等は大きく変わりましたが）、事実上同じ会社に勤めました。そこで気が付いたことがあります。「この会社に勤め続けて大丈夫だろうか？」という疑問は働いている間、常にありますが、その時々で疑問の内容が大きく変化するということです。

　地域金融機関は様々な業務を行っており、現場を支えるために幾層もの職位が存在しています。働く年数が長くなればなるほど、携わる仕事の種類が増えれば増えるほど、そして職位が上がれば上がるほど、見えてくる景色が違ってきます。まだ若手といわれる職位では見られる景色は限られてしまいますが、職位も上がってくると、どんどんと

広がってきて、新しい景色を見られるようになります。それが、今の職場にとどまろうと思う1つの要因になるのです。

　つまり、「この会社に勤め続けて大丈夫だろうか？」という疑問への答えは、すぐにではなく、しばらく経ってから出るということです。このため、働いて数年も経つと「以前に抱いていた疑問については、いつの間にか答えが出たな。『働き続けて良かった』という答えだ。ただ、将来にわたり『働き続けて良かったな』と思えるだろうか、それとも『早く見切りを付けたほうが良かった』と思うのだろうか」と考えるようになるのです。

　筆者の場合は転職等が一般ではない当時の世情の影響が大きかったのですが、今は大きく事情が異なります。その中で金融機関に勤めている若手の皆さんがどのようにすれば適切な判断ができるのか。ポイントは、将来についてどんな展望を持てるかだと考えられます。展望がクリアであれば、良い判断が下せそうです。

　この点で金融機関は、ちょっと不利な側面があるのではないかと思います。若手職員が学ぶべき事項が広く・深いので、負担・苦労が大きいからです。一部を学んだからと言ってすぐに成果に反映される訳ではありません。全体を学び、自家薬籠中にすることで「勉強して良かった、応用が利く」という状況になるまで莫大な時間と労力がかかります。その間は「この努力が報われるのだろうか？」と不安を感じてしまうのではないかと思われます。

　このため本書では金融機関の渉外担当者の展望をご提案しました。

205

おわりに

「第1段階：日常営業」「第2段階：元気な企業への対応」「第3段階：不調な企業への対応（事業性評価）」そして「第4段階：伴走支援・経営支援」から構成される「渉外成熟度モデル」を縦軸に、そして各段階で仕事を楽しめるための秘訣を横軸に、ご説明したのです。本書を手に取ってくれた若手職員の皆さんが将来について明るい展望を描き、「金融機関に勤めて良かった」と感じながら、渉外成熟度モデルの第4段階を目指して日々を送ってくれるよう願っています。

　最後に、この本はいろいろな方々の協力を得て、実現することができました。ここでお礼を申し上げたいと思います。本書の企画段階から丁寧に相談に乗っていただいた近代セールス社の長谷川健太常務取締役には大変感謝しています。

　また私が約30年間勤めた日本政策金融公庫（入庫当時は中小企業信用保険公庫）でご指導・ご鞭撻いただいた上司や先輩をはじめとした職場の皆さん、公庫業務の中で親交を深めさせていただき、現場の実情を教えてくれた全国の信用保証協会の皆さんにも、1人ひとりお名前を挙げる訳にはいきませんが、感謝を申し上げます。中でも筆者は公庫在職中に2つの信用保証協会で信用保証審査業務に従事させていただきました。この経験がなければ中小企業診断士として独立することも、このような書籍を著すことも不可能だったでしょう。深く感謝の意を表したいと思います。

　筆者は2015年から中小企業診断士として中小企業の事業改善支援に携わっています。最近では2020年からの新型コロナウイルス感染

症の蔓延により業況不振となってしまい、売上・利益を回復させる自助努力の取組みと、企業の存続に不可欠な血液である資金確保に向けた取組みの両面でご支援することが多くなってきました。この取組みの中で多くの金融機関の渉外担当あるいは融資担当の皆さんとお会いし、話し合いができたことも、本書を著す上でとても参考になっています。「地域金融機関（担当者）は、ここまで配慮して支援をするのか」と感心したことも多々あります。これら全てに、感謝を申し上げます。

　私が今一番願っているのは、この日本を明るい未来を感じられる場所として子供たちにバトンタッチすることです。グローバル化の時代とは言いながら、いやグローバル化の時代だからこそ、自分たちが生まれ育った国、ひいては地域が元気で「そこに住まうことが楽しい」と感じられることが、とても大切だと思うのです。本書が、この場面で多少なりとも貢献できるなら、これに勝る喜びはありません。

2025 年 1 月　落藤伸夫

【著者紹介】

落藤 伸夫（おちふじ のぶお）
中小企業診断士、MBA　中小企業診断士事務所 StrateCutions 代表
合同会社 StrateCutionsHRD 代表　事業性評価支援士協会代表

1985年、中小企業信用保険公庫（現：日本政策金融公庫）に入庫。主に中小企業信用保険（信用保証協会の信用保証への再保険）保険金審査業務に従事、2つの信用保証協会において信用保証審査業務にも携わる。総合研究所では主任研究員として信用保証協会が参加する中小企業の再生事例等を研究した。
2015年、中小企業診断士として独立、中小企業・経営者の顧問として事業改善及び財務改善の継続的な伴走支援に主として携わる（顧問企業には資金調達支援も行う）。
2017年、連続コラム『「事業性評価」が到来！あなたは資金調達できますか？』をスタート（2024年12月まで累積発行回数289回）。2021年、新型コロナウイルス感染症蔓延対策終了後は企業の事業性が評価される時代が来ると考えて「事業性評価支援士®養成講座」を開講、事業性評価支援士協会代表となる。2024年、顧問税理士や地域金融機関渉外担当者等が企業の早期回復を支援できることを目指して「速効回復支援士®養成講座」を開講。

日常営業や事業性評価でやりがいを感じる！
企業支援のバイブル
2025年2月20日初版発行

著　者	落藤伸夫
発行者	大畑数倫
発行所	株式会社近代セールス社
	〒165-0026
	東京都中野区新井2-10-11 ヤシマ1804ビル4階
	電話 (03) 6866-7586　FAX (03) 6866-7596
印刷・製本	新日本印刷株式会社
装丁・本文デザイン	DeHAMA
本文イラスト	豊島 愛（キットデザイン）

©2025 Nobuo Ochifuji
本書の一部あるいは全部を無断で転写・複写あるいは転載することは、法律で認められた場合を除き、著作権の侵害になります。
ISBN978-4-7650-2415-0